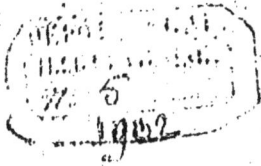

CHOIX DE DOCUMENTS INÉD

SUR LE

RÈGNE DE LA DUCHESSE ANNE

EN BRETAGNE

PUBLIÉS PAR

ARTHUR DE LA BORDERIE

Membre de l'Institut.

DEUXIÈME FASCICULE

(Suite et fin).

RENNES

IMPRIMERIE EUGÈNE PROST

rue Leperdit, 2 bis,

--

1902

ANNE DE BRETAGNE

DOCUMENTS INÉDITS

CHOIX DE DOCUMENTS INÉDITS

SUR LE

RÈGNE DE LA DUCHESSE ANNE

EN BRETAGNE

PUBLIÉS PAR

ARTHUR DE LA BORDERIE

Membre de l'Institut.

—————

DEUXIÈME FASCICULE

(Suite et fin).

RENNES

IMPRIMERIE EUGÈNE PROST

rue Lepordit, 3 bis.

1902

DEUXIÈME PARTIE

PRÉAMBULE.

Dans la première partie de ce recueil, nous avons reproduit les documents inédits les plus importants contenus au registre de la chancellerie de Bretagne depuis le mois d'octobre 1489 jusqu'au 31 mars suivant, c'est-à-dire, à peu de jours près, jusqu'à la fin de l'année 1489 *vieux style*, car cette année, on le sait, ne finissait que la veille de Pâques de l'an 1490 dans notre manière actuelle de compter ou *nouveau style*, et Pâques, en 1490, était le 11 avril.

Dans notre deuxième partie, nous comptions reproduire seulement les documents compris du 1er avril 1490 au 31 mars 1491, — Pâques en 1491 étant le 3 avril. Mais par suite de la négligence, de l'irrégularité inséparable d'une époque aussi troublée, il est arrivé que l'on n'a inscrit sur les registres de la chancellerie bretonne qu'un nombre relativement très-faible d'actes postérieurs au 1er janvier 1491 : ce qui nous a décidé à admettre dans notre deuxième partie tous les actes inédits et importants que les registres renferment depuis le commencement d'avril 1490 jusqu'au mariage de la duchesse Anne avec le roi Charles VIII, c'est-à-dire jusqu'au 6 décembre 1491. On verra même que les nos 21 et 22 ci-dessous remontent jusqu'aux derniers mois de 1489, parce qu'on a tenu à rapprocher des documents qui s'éclairent et se complètent mutuellement.

Quoi qu'il en soit, cette seconde partie contient cinquante pièces ou groupes de pièces que nous croyons inédites, et qui toutes, sauf deux (les nos 46 et 67), sont des mandements ou extraits de mandements tirés textuellement des registres originaux de la chancellerie de Bretagne, Comme on l'a fait pour les actes compris dans notre première partie, nous pouvons classer ces documents sous quatre chefs principaux :

1° *Politique extérieure,* relations diplomatiques avec les divers États, guerre contre la France : sous ce chef, nous plaçons treize de nos pièces, qui portent les n°ˢ 22, 24, 32, 33, 43, 47, 48, 54, 55, 56, 64, 67, 69 ;

2° *Politique intérieure,* factions, partis, divisions intestines des Bretons : n°ˢ 21, 25, 26, 28, 30, 31, 34, 37, 38, 39, 40, 41, 42, 46, 60, 65, 66, en tout dix-sept pièces ;

3° *Finances* et embarras pécuniaires, — huit pièces : n°ˢ 35, 36, 52, 57, 61, 62, 63, 70 ;

4° *Police générale,* protection des campagnes contre les gens de guerre et autres malfaiteurs, protection du commerce, — douze pièces : n°ˢ 23, 27, 29, 44, 45, 49, 50, 51, 53, 58, 59, 68 (1).

La seconde et la quatrième de ces séries sont celles qui offrent ici le plus d'intérêt. Les pièces contenues dans la seconde nous permettent, entre autres, d'éclaircir et préciser, mieux qu'on ne l'a fait jusqu'ici, les circonstances de la réconciliation du maréchal de Rieux avec la duchesse, et comme il ressort de là des rectifications assez importantes au récit de dom Morice, on me permettra d'insister un peu.

Dans le préambule de notre première partie, on a indiqué les causes et le début de la singulière rébellion du maréchal de Rieux qui, coalisé avec Mᵐᵉ de Laval (Françoise de Dinan), gouvernante d'Anne de Bretagne, prétendait marier cette jeune princesse, sa pupille et sa souveraine, malgré toutes ses

---

(1) On trouvera ci-dessous, en tête des pièces, les numéros d'ordre exprimés en chiffres romains ; dans ce préambule, nous les écrivons en chiffres arabes par motif de brièveté et de commodité typographique.

répugnances, au vieil et disgracieux sire d'Albret. Sans céder
sur cet article, la duchesse n'épargna rien pour regagner
Rieux, et par là supprimer une division si funeste à la cause
de la Bretagne.

Il y eut des négociations pour cet objet dès le mois d'octobre 1480 (voir ci-dessous le n° 21 de nos documents); elles
n'aboutirent pas; mais elles étaient déjà reprises peu de temps
après, comme on le voit par une lettre du 27 décembre de la
même année, où le maréchal de Rieux dit : « Pour ce que
« présentement entendons aller à Nantes pour communiquer
« avec mes très-chers cousine et cousins la comtesse de
« Laval et les sieurs d'Albret et de Comminges y estans,
« touchant les différens qui par cy-devant ont esté entre eux
« et nous, de notre part, et le prince d'Orenge, le comte de
« Dunois et autres estans à l'entour de la duchesse ma sou-
« veraine dame, d'autre part; pour la pacification desquels
« différens a esté pris et assigné terme au 6e jour de janvier
« prochain venant; nous avons donné charge et commission
« à nostre bien amé cousin messire Morice du Mené, capi-
« taine des archers de la garde de madite dame, d'empescher
« par toutes voyes, en l'evesché de Cornouaille, que aucuns
« exploits de guerre ou autres novalités, qui pourroient
« retarder ou eloigner ladite pacification, ne soient faites ce
« pendant d'une part ne d'autre. » (D. Morice, *Preuves de
l'histoire de Bretagne*, t. III, col. 656.)

Dom Morice, après avoir résumé cette pièce assez fidèle-
ment dans son *Histoire de Bretagne*, ajoute, d'après d'Argentré : « Le maréchal de Rieux, pressé par ses amis, par le
« roi d'Angleterre et par ses propres sentimens, rentra enfin
« dans l'obéissance et la soumission qu'il devait à sa souve-
« raine... Le traité d'accommodement fut dressé à Redon le
« 14 de mars (1490); mais il ne fut tout à fait conclu que le
« mois d'août suivant. » (*Hist. de Bret.*, t. II, p. 201.) Il

semble, d'après cela, que la paix, une fois faite en mars, ne fut plus troublée, mais, au contraire, confirmée en août par un traité en forme.

Or, cet accommodement ou projet d'accommodement du 14 mars me semble très-douteux, du moins quant à la date. Il suffit de lire, en effet, le n° 16 de la première partie de notre *Choix de documents* pour se convaincre que, le 6 mars 1490, la querelle entre la duchesse et le maréchal était aussi vive, la séparation aussi profonde que jamais. Il y avait donc eu nouvelle rupture depuis les négociations du 6 janvier. Peut-on croire que, du 6 au 14 mars, il y ait eu une seconde réconciliation menée assez rondement pour aboutir dès le 14 à un projet de traité? Cela ne semble guère possible. Dans tous les cas, s'il en fut ainsi, cet accord ne dura guère et se vit bientôt remplacé par une nouvelle brouille; car nous trouvons, dans les titres mêmes publiés par D. Morice, la preuve qu'au mois de mai suivant Rieux était tout à fait retombé dans sa rébellion. C'est le texte d'une trêve conclue en mai 1490, pour sept mois, entre le roi de France d'une part, et de l'autre la duchesse Anne et le maréchal de Rieux. (D. Morice, *Preuves*, III, 667-669.)

Si l'on s'étonne de cette trêve alors que le traité de Francfort devait suffire à assurer la paix, l'acte lui-même nous répond : ce n'est point la duchesse qui a violé le traité, c'est « Jehan, sieur de Rieux, et *ceux de sa bande*, ses suivans et ses adhérens, » qui « puis quatre ou cinq mois en çà » ont fait « courses et dommaiges » en Anjou et Poitou. (*Ibid.*, 668.) Dans tout le cours de cette pièce, les intérêts de Rieux et ceux de la duchesse sont présentés comme tout à fait distincts; il y est dit, entre autres, que la duchesse pourra jouir du bénéfice de la trêve à l'exclusion de Rieux s'il continue ses pilleries, — et réciproquement; enfin, on ajoute ceci, qui ne peut laisser aucun doute : « Pour ce que les députés du

« roi de France font doubte que, pendant lesdiz mois (de
« trêve), *celui sieur de Rieux et ceux de sa bande et ses adhé-*
« *rans ne s'efforcent d'attempter ou entreprendre aucune chose*
« *contre madame Anne* (de Bretagne) *et ses gens,* les ambaxa-
« deurs du roi d'Angleterre se sont faits forts et ont promis
« faire leur debvoir que ledit sieur de Rieux, sa bande et ses
« adhérans ne attempteront ne entreprendront aucune chose
« contre madite dame Anne et ses gens durant lesdiz mois;
« *toutes voies ce ne est entendu qu'il ne soit permis audit sieur*
« *de Rieux et à ses gens, adhérans et suivans eux deffendre*
« *si ceux de madite dame Anne les invadoient.* » (*Ibid.*, 669.)

Ainsi, au mois de mai, il y avait de nouveau rupture,
guerre même, entre Rieux et la duchesse. Depuis quand était-
on revenu à cet état? Au moins depuis le mois d'avril, car
on verra ci-dessous (n° 21 de nos documents) que dès le
9 avril le maréchal levait des impôts de sa propre autorité, au
mépris de celle de la duchesse, et l'on trouvera en outre
(n° 25 ci-dessous) des extraits de mandements depuis le
16 avril, prouvant qu'Anne de Bretagne formait alors une
armée aux ordres du prince d'Orange, qui en fut déclaré chef,
le 3 mai, sous le titre de lieutenant-général de la duchesse
(n° 25). Comme l'histoire n'a gardé trace, à ce moment, d'aucun acte d'hostilité entre la Bretagne et la France, il faut
bien que cette armée fût dirigée contre les ennemis que la
duchesse pouvait avoir parmi les Bretons, c'est-à-dire contre
Rieux et son parti. Et il existe en effet, dans les *Preuves de*
l'histoire de Bretagne, cinq lettres missives de Rieux, qui
nous montrent le maréchal prenant ses dispositions pour
combattre cette armée du prince d'Orange. La première de
ces lettres remonte même au 26 mars (1490), et les termes
méritent d'être cités :

« M. le provost (écrit le maréchal de Rieux à Bizien de
« Kerousy, l'un de ses fidèles partisans), j'ai veu ce que vous

« m'avez escrit touchant le *feu* que *ceux de Rennes* veulent
« encore lever de nouveau. Faites que les bonnes gens n'en
« payent rien, car je m'en vais par delà pour obvier aux en-
« treprises de Monsieur le prince (d'Orange), qui s'en vient à
« Josselin avec *ceux de Rennes* pour tenir les champs, et vous
« pouvez tenir seur que je suis bien délibéré de les choquer
« si je les rencontre, *car ils m'ont trop abusé.* » (D. Morice,
Pr., III, 628.)

Ceux de Rennes est une périphrase diplomatique pour dé-
signer la duchesse et ses fidèles conseillers, car depuis que
Rieux et d'Albret lui avaient refusé les portes de Nantes en
février 1489, on sait qu'Anne avait fait de Rennes sa constante résidence. Le *feu* que *ceux de Rennes* veulent lever de
nouveau, c'est incontestablement le fouage de 4 l. 10 s. par
feu décrété, le 21 mars 1490, par la duchesse, dont nous
avons publié le mandement dans notre première partie sous
le n° 17 (ci-dessus, p. 30 à 32). Et, enfin, il faut surtout
remarquer ce dernier trait, par lequel Rieux explique son vif
désir de *choquer ceux de Rennes* s'il les rencontre, « car
(dit-il) *ils m'ont trop abusé.* » Rapprochez cela du projet d'accommodement dressé, selon D. Morice et d'Argentré, le 14 du
même mois, et si l'on admet cette date (qui nous semble, à
dire le vrai, un peu douteuse), on aura, à quelques jours près,
celle de la seconde rupture : ce serait alors dans l'intervalle
du 14 au 26 mars 1490 que le maréchal, se croyant joué par
les conseillers d'Anne de Bretagne, aurait rompu les négociations et se serait disposé à reprendre les hostilités, sinon
contre la duchesse personnellement, du moins contre son en-
tourage, surtout contre le prince d'Orange, car dans la lettre
ci-dessus et les quatre autres dont on va parler, c'est d'O-
range qu'il affecte de prendre spécialement à partie, — préfé-
rence due sans doute au commandement supérieur de l'armée
ducale dont il était investi.

Quoi qu'il en soit, le 5 avril suivant, le maréchal écrivait de Vannes à M. de Kérousy : « J'ai esté adverti qu'il est « descendu à Rosgo (Roscoff) près Saint-Paul, un nombre « d'Allemans dont ne suis encore certain, et pour ce vous « prie que vous en informez en bonne diligence tant de leur « nombre que de leur intention, pour m'en advertir. » (D. Morice, *Pr.* III, 639). Quelques jours après, fixé sur les intentions, sinon sur la force de ce corps d'Allemands fraîchement débarqué, il reprenait la plume et, toujours de Vannes, il écrivait à un autre de ses fidèles, Morice du Mené :

« Capitaine, j'ai sceu à certain la descente des Allemands, « quels se sont declarés estre venus par deçà se joindre avec « le prince d'Orenge et ses adhérés pour destruire ceux qui « ont servi la duchesse et le pays en ma compagnie ; quelle « chose ne suis deliberé de souffrir, moiennant l'aide de vous « et autres bons sujets et serviteurs de la duchesse. A cette « occasion, m'en partirai demain pour aller à Hennebont « faire assembler le plus de gens que je pourrai, pour de là « marcher en avant où je serai conseillé par vous et autres « gens de bien. J'ai mis postes entre ci et Morlaix (1), pour « toujours sçavoir des nouvelles, à Aurai, au Faouet, à « Carhaix et à Morlaix. Pour ce vous prie, capitaine, que de

(1) Morlaix se trouve ici indiqué comme devant être une des bases d'opérations du maréchal, parce que cette ville était le quartier-général des troupes auxiliaires anglaises qui, dans tous ces démêlés, furent presque toujours favorables à Rieux. — Cette lettre est datée : « Escrit à Vannes ce.... avril, » la date du jour ayant été détruite par vétusté dans l'original ; mais elle est certainement postérieure à la précédente, du 5 avril, puisqu'au 5 avril il ignorait encore l'intention des Allemands, et elle est postérieure à une autre que nous allons citer, écrite d'Hennebont à Kérousy, le 21 avril, puisque dans la présente lettre à M. du Mené, Rieux annonce qu'il va quitter Vannes le lendemain pour se rendre à Hennebont ; cette dernière se place donc nécessairement entre le 5 et le 21 avril 1490.

« vostre part veuillez mettre des gens aux champs, affin de
« sçavoir la part que lesdits Allemands marcheront de jour
« en autre, et assemblez le plus que pourrez de gens, affin de
« vous rendre à moi quand je vous le ferai sçavoir. Capi-
« taine, je vous prie de rechef que vous y veuillez avoir l'œil,
« car si en est le besoin pour la conservation de tous nous et
« du pays de Bretaigne. » (*Ibid.*, 638.)

Cette lettre contient bien des choses curieuses auxquelles
je ne puis m'arrêter; remarquez, toutefois, le soin extrême,
quelque peu entaché d'affectation, avec lequel Rieux se pré-
tend quand même loyal serviteur de la duchesse, et ne veut
se reconnaître pour adversaire que le prince d'Orange, ou
encore, comme il le dit ailleurs, « ceux de Rennes, » c'est-
à-dire les plus fidèles partisans et conseillers d'Anne, tels que
Montauban, Dunois, Lornay, etc.

Venu à Hennebont, le maréchal est averti par M. de Kerousy
que l'armée du prince d'Orange menace le centre et peut-être
le nord de la Bretagne; le 21 avril, il lui répond : « Pour
« ce que me advertissez de marcher en avant pour préserver
« les gens du quartier de pardelà, auxquels, ainsi que me
« rescrivez, *ceux de Rennes* donnent chacun jour de grandes
« menaces, tenez pour seur que demain m'en pars pour aller
« à Pontivy où je fais mon assemblée, affin d'aller voir M. le
« prince (d'Orange), lequel j'ai bon vouloir de rencontrer et
« tous ceux de sa compagnie. » (*Ibid.*, 639.) Il paraît, toutefois, que son *assemblée* n'était pas nombreuse à souhait, et
qu'il éprouvait le besoin d'aller réchauffer le zèle de ses partisans, car il ajoute (même lettre) : « J'espère faire un voiage
« à Guingamp ò quelque nombre de gens, pour recevoir ceux
« qui voudront venir devers moi pour servir la duchesse et
« le pays en ma compagnie. » (*Ibid.*, 640.)

L'armée de Rieux, rassemblée à Pontivi, puis postée de
manière à couvrir cette ville vers l'est, et l'armée du prince

d'Orange, qui venait de Josselin (voir ci-dessus la lettre du 26 mars), se trouvèrent bientôt en présence, à moins d'une lieue l'une de l'autre. Heureusement, malgré les désirs plus ou moins sincères de Rieux, elles ne se rencontrèrent pas; lui-même nous en apprend la raison dans une dernière lettre à Kerousy : « M. le prince, — écrit-il de Pontivi le 6 mai, — « M. le prince et son armée sont encore logez à moins d'une « lieue de moi, par la trève que de jour en autre leur ai « donné à la requeste des seigneurs d'Espagne, lesquels se « veulent tous déclarer pour moi, si ledit prince n'accorde « un compromis de nos différens [par le moyen] des rois « d'Espagne et d'Angleterre (1), ainsi que j'ai voulu faire de « ma part. » (*Ibid.*, 640.) — Ainsi Rieux, si belliqueux tout-à-l'heure, avait été le premier à reparler d'accommodement.

Ces cinq lettres du maréchal sont fort curieuses. D. Morice ne s'en est point servi parce que, très à tort, il les rapporte à l'année 1489. Selon l'usage du temps (pour les lettres missives), elles ne portent point la date de l'an, mais seulement le quantième du mois. Toutefois, plusieurs circonstances les rattachent sans aucun doute à 1490. D'abord, ce qui est dit du fouage dans la lettre du 26 mars se rapporte évidemment à l'impôt de ce nom décrété à Rennes par la duchesse dans son ordonnance du 21 du même mois. (Voir le n° 17 de notre première partie.) Puis toute cette campagne projetée par Rieux contre le prince d'Orange cadre exactement avec la formation d'une armée ducale aux ordres de ce prince, comme nous la font connaître les mandements du 16 avril au 3 mai

---

(1) D. Morice a altéré le texte en cet endroit; il imprime : « si ledit « prince m'accorde un compromis de nos différens des rois d'Espagne et « d'Angleterre; » — ce qui, littéralement, ne signifie rien du tout; mais le sens, tel que je l'ai rétabli, n'est pas douteux.

1490, relatés ci-dessous dans notre n° 25. Enfin, une circonstance décisive, c'est celle des Allemands que Rieux signale, le 5 avril, comme récemment débarqués à Roscoff pour se joindre à l'armée du prince d'Orange. En avril 1489, nulle trace de l'arrivée d'un renfort de troupes allemandes. En 1490, au contraire, on trouvera ci-dessous, dans notre n° 24, deux mandements, l'un du 9, l'autre du 18 avril, prescrivant de donner des vivres « aux Almans dernièrement descenduz » et de payer certaine quantité de vins par eux consommés. — Il est donc incontestable que les cinq lettres en question sont de cette année-là.

La dernière de ces lettres nous montre, au commencement du mois de mai, les armées de Rieux et d'Orange en présence, mais en trève, des pourparlers proposés sinon engagés. Pendant tout ce mois la trève, ce semble, persista, mais la négociation n'avança guère, et le 4 juin on voit Anne de Bretagne adresser seize mandements « aux maîtres de navires, » dix mandements « aux nobles et autres sujets aux armes, » pour leur ordonner de se tenir prêts à « résister aux *malveillans de la duchesse* » (ci-dessous n° 28), ce qui ne peut guère s'entendre que des partisans du maréchal. Le 18 juin encore, Anne indiquait à Rennes, pour le 2 juillet suivant, l'ouverture de sa Chambre des Comptes, qui dans les temps ordinaires siégeait à Nantes (n° 31 ci-dessous); mais Nantes tenait pour Rieux, et si la duchesse déplaçait ainsi cette Cour, c'est qu'entre elle et Rieux la paix n'était pas encore faite.

Il paraît cependant que de part et d'autre on était dès lors convenu d'un point important, savoir, de remettre l'arbitrage non aux rois d'Espagne et d'Angleterre, mais à la nation bretonne elle-même, représentée légalement par les États généraux du duché. Inspiration salutaire, patriotique. Anne convoqua les États à Vannes pour le 4 juillet suivant (n° 30), et cette assemblée eut l'honneur de conclure enfin cette laborieuse et pourtant si nécessaire réconciliation. Les conditions en furent lourdes pour les finances du duché, mais les États estimèrent sans doute ne pouvoir payer trop cher l'union de tous les enfants de la Bretagne. Les clauses principales de cet arrangement sont exprimées dans les pièces que nous publions plus loin sous les nᵒˢ 34, 37, 38, 39, 40, 41, 65.

D'abord, pour Rieux et ses adhérents sans exception, plein pardon, oubli et abolition entière de tout le passé; mais le maréchal était trop fier pour vouloir demander et recevoir grâce : ces mots de pardon et d'abolition ne paraissent même pas dans les lettres ducales; il n'y est question que d'approbation, de ratification, de quittance; les actes les plus rebelles dans la forme sont excusés par la pureté présumée de l'intention : le tout cependant sous la condition que le maréchal et son parti seront désormais entièrement unis et obéissants à la duchesse (nᵒ 37). Puis Rieux est déchargé avec honneur et avec éloge, sur l'avis même des États, de la tutelle des princesses Anne et Isabeau, à lui conférée par le testament de leur père le duc François II (nᵒ 39). Jusqu'ici il n'y a de satisfaction que pour sa dignité et son orgueil, — voici maintenant pour sa bourse : une indemnité de 100,000 écus pour les dommages de toute sorte qu'ont pu lui faire les Français depuis le commencement de la guerre, et, de plus, une pension annuelle de 42,000 livres (nᵒ 38). A Françoise de Dinan, douairière de Laval, naguère gouvernante de la duchesse, la constante alliée du maréchal, femme parfaite d'ailleurs en tous genres de distinction, une indemnité de 100,000 écus aussi pour mêmes motifs, et restitution de plusieurs pensions considérables suspendues depuis deux ans (nᵒ 40). Enfin, autre indemnité au sire d'Albret, toujours de 100,000 écus — c'est le prix courant — (nᵒ 41), et en outre, pour son fils aîné Gabriel d'Avesnes, promesse formelle de la main d'Isabeau de Bretagne, sœur puînée d'Anne : honorable dédommagement, on le voit, de la déception infligée à d'Albret dans ses propres espérances matrimoniales dirigées contre la duchesse. Cette promesse est du 19 juillet 1490 (n° 34), les autres mandements ci-dessus indiqués, des 9 et 11 août. La mort d'Isabeau de Bretagne, survenue le 24 août (voir ci-dessous n° 46), rompit, il est vrai, ce mariage; mais quelques mois plus tard, en décembre 1490, à la veille d'épouser par procureur le roi des Romains, Anne, pour adoucir à son vieux et cupide prétendant (d'Albret) la violence de ce coup, lui donna en outre une pension de 12,000 livres (n° 65) : ce qui n'empêcha pas cet odieux Gascon de la trahir indignement peu de temps après.

Rieux et les siens ne donnèrent donc pas, ils vendirent chèrement la paix à leur souveraine. Ce qui choque le plus en cette affaire, c'est de voir (surtout dans notre n° 37) la duchesse contrainte de louer ou tout au moins d'excuser les actes d'une rébellion funeste, coupable envers son autorité, coupable surtout envers la Bretagne, dont elle avait déplorablement, et dans l'instant le plus critique, divisé les forces. — Mais du moins Anne sut trouver un moyen de montrer qu'elle n'était pas dupe de ce tas de mensonges officiels, imposés par le malheur des temps aux scribes de sa chancellerie. Au moment même où elle signait tous les mandements ci-dessus, elle en faisait rédiger un autre pour honorer d'une haute et noble récompense l'un de ces amis constants, vraiment fidèles et dévoués, qui ne s'étaient jamais séparés d'elle, l'avaient suivie, défendue dans toutes les fortunes, contre tous ses ennemis du dehors et du dedans. Dans cette pièce (n° 42 ci-dessous), tout est remis à sa place et jugé à son vrai prix : les actes qualifiés méritoires dans l'ordonnance de la veille sont ici taxés, comme il convient, de déloyauté et de rébellion. Curieuse protestation, par où la fierté, la droiture de la jeune princesse s'échappent et se vengent de la contrainte qu'on lui impose. A ce point de vue, rien de plus intéressant que de comparer entre eux notre n° 42 et notre n° 37.

Cette dernière pièce, que j'appellerai, faute d'un meilleur nom, les lettres de *réconciliation* du maréchal de Rieux, reste certainement la plus importante de tout le groupe de documents dont on vient de parler. L'historique le plus complet et le plus authentique que je connaisse de la rébellion de Rieux est là. Je n'y insisterai pas; je relève seulement un passage qui permet de fixer la date du début de ces troubles, date, on le sait, fort incertaine. Lobineau semble pencher pour avril 1489, d'Argentré et dom Morice pour le commencement de mars. Mais d'ailleurs, dans leur langage rien de précis; on dirait qu'ils prennent à tâche de ne pas s'expliquer. Or, dans notre n° 37, daté du 9 août 1490, Anne de Bretagne, dès les premières lignes, nous dit que les différends auxquels il s'agit de mettre fin durent *depuis un an et demi ou environ*, ce qui en reporte le début aux premiers jours du mois de février 1489. Elle ajoute que l'entrée de la ville de Nantes lui fut fermée par Rieux *environ le commencement de ces différends*, c'est-à-dire dans ce même mois de février (n° 37 ci-dessous, § 1 et 2). Joignez à cela la décharge de tutelle donnée au maréchal ce même jour (9 août 1490), où il est dit que l'inventaire des biens meubles de la duchesse sa pupille ne put être fait « pour la brièveté du temps de l'administration dudit « tuteur, *qui ne dura que trois mois ou environ.* » Evidemment, ce qui mit fin à l'administration de Rieux comme tuteur d'Anne de Bretagne, c'est sa rébellion contre sa pupille. Or, il avait été mis en possession de la tutelle le 24 octobre 1488 (voy. D. Morice, *Pr.* III, 612-613); trois mois ou environ d'administration nous mènent précisément à la fin de janvier; et comme les indications du n° 37 nous menaient, de leur côté, au commencement de février, la concordance est, on le voit, on ne peut plus parfaite.

On peut donc désormais tenir pour acquis que la querelle ou rébellion de Rieux contre la duchesse éclata dès le commencement de février 1489, et dura, avec quelques alternatives de trèves, pourparlers, tentatives d'accommodement, jusqu'aux États tenus à Vannes le 4 juillet 1490.

Après cette digression un peu longue, qui a du moins le mérite d'éclaircir un épisode des plus importants du règne d'Anne de Bretagne, reste à dire un mot des trois seules pièces comprises sous notre deuxième série (*Politique intérieure*), dont je n'ai pas encore parlé, et qui portent les n°s 25, 60 et 66. Les deux premiers concernent des libéralités de la duchesse envers deux de ses plus fidèles serviteurs, le prince d'Orange et le seigneur de Meille (Jean de Foix, cousin de la duchesse du côté maternel); le dernier (n° 66) relate les premiers paiements faits au sire de Rieux sur son indemnité de 100,000 écus. Sur le paiement des pareilles indemnités accordées au sire d'Albret et à Mme de Laval, nous n'avons rien : si elles ne furent pas payées, on ne peut que s'en réjouir.

Passons à la *politique extérieure* (guerre et diplomatie), qui forme notre première série et comprend treize ou quatorze des pièces ci-dessous (1). On y trouvera d'abord d'assez nombreux renseignements sur les troupes étrangères envoyées au secours de la duchesse par l'Espagne, l'Angleterre et le roi des Romains. Sur les secours venus d'Espagne, voyez les n°s 22 et 54; sur les auxiliaires allemands, les n°s 24 et 63 (2); sur les auxiliaires anglais, les n°s 64 et 67 : ce dernier numéro est une lettre missive d'Anne de Bretagne,

(1) Je dis 13 ou 14, parce que le n° 28 se rapporte en partie à la première, en partie à la seconde des quatre séries que nous avons établies en commençant.

(2) Il y a aussi quelques détails sur les auxiliaires allemands dans les n°s 61 et 62.

genre de pièce assez rare. Le n° 32 nous montre deux places importantes, Concarneau et Ploërmel, revenues en 1490 aux mains des Bretons, quoique nos historiens, après nous avoir appris leur prise par les Français en 1487 (Ploërmel) et 1489 (Concarneau), ne nous disent rien de leur reprise par les Bretons. Le n° 69 nous fait connaître l'importance exceptionnelle, certes bien justifiée, que la duchesse attachait à la conservation de sa fidèle ville de Rennes, et le soin tout spécial avec lequel elle en perfectionnait les défenses.

Les autres pièces concernent la diplomatie. — Et d'abord, bien qu'il y eût eu, à Francfort, en novembre 1489, entre la France, l'Angleterre et l'Empire, une paix générale où la Bretagne était nommément comprise (voir le n° 3 de notre première partie), cependant, comme le maréchal de Rieux, malgré cette paix, continua la guerre par des courses répétées en Anjou et en Poitou, il fallut, en mai 1490, renouveler l'effet de ce traité par une trêve spéciale dont on a déjà parlé (voir D. Morice, *Pr.* III, 667-669) et que Rieux ne semble pas avoir respectée davantage. Aussi, vers la fin de juin et le commencement de juillet, craignait-on en Bretagne une nouvelle invasion des troupes françaises, et la duchesse prescrivait des mesures spéciales pour s'y opposer. — Voir, sous notre n° 28, les extraits de mandements en date des 18 juin, 30 juin, 3 juillet, et dans D. Morice, le mandement relatif aux étangs de Saudecourt en la paroisse de Louvigné-de-Bais. (*Pr.* III, 669-670.)

La soumission de Rieux, au commencement de juillet, mit fin à cette situation difficile : comme la duchesse entendait respecter la paix, Rieux cessa de la troubler, et, dès le 10 de ce mois, Anne de Bretagne s'empressa d'envoyer une ambassade au roi de France pour lui donner des assurances pacifiques et lui demander la loyale exécution du traité de Francfort (ci-dessous, n° 33). Un mois après, le 11 août, elle dirigea vers l'Allemagne une autre ambassade, où figuraient, entre autres, le prince d'Orange, le maréchal de Rieux, le sire de Guémené, et qui se rendit auprès du roi des Romains pour accepter, au nom de la Bretagne, un traité nouvellement conclu à Ulm, confirmant et complétant celui de Francfort (n° 43). Les négociations reprennent ensuite avec la France, toujours en vue de donner à la paix plus de solidité et de garanties; vers la fin d'août et le commencement de septembre, Rieux d'abord et puis d'Orange se rendent dans ce but auprès de Charles VIII, qui de son côté renvoie de suite des ambassadeurs à la duchesse (n°ˢ 47 et 48). Le 18 octobre, cette princesse ratifie définitivement le traité d'Ulm (D. Morice, *Pr.* III, 675-677), et ce jour même, le roi de France fait partir pour la Bretagne une nouvelle ambassade « *pour le bien de paix* » (n° 55). Et cependant, les intentions de Charles VIII semblent à tout le monde si équivoques que, neuf jours plus tard, le 27 octobre 1490, la duchesse entre solennellement dans une ligue défensive, formée contre ce monarque entre elle, le roi des Romains, le roi d'Angleterre, les roi et reine de Castille et l'archiduc d'Autriche (n° 56). — Sauf la ratification du traité d'Ulm publiée par D. Morice, les autres négociations que l'on vient d'indiquer sont restées jusqu'à présent presque entièrement inconnues de nos historiens.

Les huit pièces relatives aux finances accusent toutes, chacune à sa manière, les embarras du trésor ducal. Pour faire face aux cruelles nécessités d'une situation écrasante, la duchesse est obligée de mettre en gage ses joyaux (n°ˢ 52 et 62), d'aliéner diverses portions du domaine ducal (n°ˢ 57 et 70), de consacrer à la guerre l'argent des fouages destinés aux dépenses ordinaires du duché (n° 36), de recourir de nouveau à la bourse de ses fidèles Rennais, dont le dévouement ne se lasse pas (n° 35). Deux autres pièces (n°ˢ 61 et 63), servant de décharge à des comptables, nous font connaître nombre de détails intéressants sur l'histoire du temps.

Quant aux douze pièces que l'on a classées en commençant sous la rubrique *Police générale*, etc., il y en a trois (les n°s 50, 51, 53) qui nous montrent qu'au milieu de tant de dangers et de difficultés politiques, Anne ne perdait pas de vue les intérêts matériels de son peuple, particulièrement le commerce; ce sont en effet trois mandements prescrivant l'armement du *convoi de la mer*, c'est-à-dire d'une flotte de guerre destinée à protéger contre toute attaque le commerce maritime des Bretons. — Deux autres (n°s 45 et 58) concernent certains faits curieux, mais peu connus, de l'an 1490, savoir la jacquerie des paysans de Cornouaille, dont tout le premier a parlé le chanoine Moreau (n° 45), et l'existence dans les environs de Lamballe d'une bande de voleurs, décrite ici d'une façon assez originale (n° 58).

Les sept derniers numéros rangés sous cette rubrique (n°s 23, 27, 29, 44, 49, 50 et 68) témoignent de la constante et vraiment méritoire sollicitude mise par la duchesse à protéger contre les excès des gens de guerre les diverses classes de la population bretonne. — Le n° 44 est une sauvegarde pour les églises et maisons religieuses; le n° 68 (du 4 juin 1491) prescrit une augmentation du corps des archers de la maréchaussée, fondée sur ce que « à présent y a en nostre « pays (dit Anne de Bretagne) grant abundance de gens de « guerre de pluseurs contrées, pays et nacions, partie des- « queulx commettent souvent pluseurs cas, crimes et délits, « et plus feront si punition n'en est faite, à quoi nous est « très-requis et necessaire de pourveoir. » — Les autres pièces sont des ordres très-précis aux troupes ducales de ne molester en rien le peuple de Bretagne, spécialement les habitants des diverses paroisses nommément désignées dans les mandements dont les extraits se trouvent rapportés sous les n°s 23, 27, 29, 49 et 59. En joignant à ces extraits ceux que nous avons précédemment publiés dans notre première partie sous les n°s 2, 3, 5, 8, 12, 13, nous voyons que, d'après les registres de la chancellerie, les paroisses que la duchesse prit ainsi sous sa protection spéciale, du mois d'octobre 1489 à la fin de 1490, s'élèvent au moins au nombre de cent. En voici la liste alphabétique; le chiffre placé après chaque nom marque le numéro de la pièce où chaque paroisse figure dans notre *Choix de documents* :

Acigné, 49.

Amanlis, 29.

Arbrissel, 13.

Augan, 27.

Bain, 23.

La Baussaine, 49.

Bédée, 8.

Brecé, 49.

Broon-sur-Vilaine, 49.

Broons, près Dinan, 27.

Campénéac, 27.

Caro, 27, 49.

Caulne, 6.

Chancé, 29.

La Chapelle-sous-Ploërmel, 27.

Chaumeré, 29.

Domagné, 29.

Domalain et dix autres paroisses environnantes, 29.

Domloup, 29.

Essé, 29.

Étables, 23.

Hillion, 23.

Iffiniac, 23.

Irodouër, 29.

Ivignac, 23.

Janzé, 29.

Jugon, *voyez* Saint-Etienne et Saint-Malo.

Laméaugon, 23.

Locoal, 23.

Loudéac, 27.

Loyat, 27.

Mauron, 29.

Mégrit, 23, 27.

Ménéac, 23.

Merdrignac, 23.

Meslin, 23.

Minihi-Saint-Pol, *voyez* Saint-Pol-de-Léon.

Mohon, 12.

Monterrin, 27.

Montertélo, 27.

Moricuc, 23.

Moulins, 29.

Moussé, 13.

Néant, 2, 27.

Nostang, 23.

Nouvoitou, 29.

Noyal-Muzillac, 58.

Noyal-sur-Vilaine, 49.
Penpont, 27.
Piré, 29,
Plélan, près Dinan, 25.
Plélo, 27.
Pléneuf ou Plorneuf, 25.
Plérin, 27.
Ploërmel, 27.
Plourhan, 23.
Plumaudan, 25.
Plumieux, 25.
Pommeret, 25.
La Prénessaye, 5.
Rannée, 13.
Rominiac, 27.
Retiers, 49.
Riantec, 23.
Saint-Abraham, 27.
Saint-Aubin-du-Pavail, 29.
Saint-Etienne-de-Jugon, 27.

Saint-Malo-de-Jugon, 27.
Saint-Nazaire, 25.
Saint-Pol-de-Léon et le Minihi (le tout faisant sept paroisses), 49.
Saint-Qué, 25.
Sainte-Urielle, 25.
Servon, 49.
Taupont, 13, 27.
Trédias, 25.
Trégonmeur, 27.
Tréhorenteuc, 2.
Tremeloir, 27.
Trémeur, 25.
Trémorel, 29.
Tréveneuc, 25.
La Valette, 29.
Vannes (paroisses des environs de), 3.
Vendèle, 29.
Visseiche, 13.

Quant au système d'après lequel sont datées nos pièces, se rappeler ce que nous avons dit vers la fin du préambule de notre première partie (*Bulletin de la Société Archéologique d'Ille-et-Vilaine*, t. IV, p. 262).

ARTHUR DE LA BORDERIE.

DOCUMENTS INÉDITS

XXI.

FACTION DU MARÉCHAL DE RIEUX CONTRE LA DUCHESSE.

1489, 15 octobre. — Sauffconduict jucques à quinze jours, pour le comte de Comminges (1), de venir à Redon y communicquer aucunes matières avec les gens de la duchesse. Daté le 15° jour d'octobre.

— Pareil sauffconduict pour les seneschaulx de Carcassonne et d'Albret, Johan Boulle et Guillaume Charnier. Daté le 15° jour d'octobre. (Signé) R. LE BLANC.

Scellés devant le chancelier, le 15 octobre 1489 (2).

1489, 29 octobre. — Sauffconduit pour le sire de Rieux jucques à vingt-trois jours, de venir à Redon accompaigné de soixante chevaulx. Daté le 29° jour d'octobre. (Signé) R. LE BLANC.

So. à Rennes, le 29 octobre 1489 (3).

1490, 9 avril. — Deffense faicte à Franczoys Guillart et Mahé Baud, s'appelant iceluy Baud recevoir en partie de l'evesché de Vennes du soulday de 6 livres 6 soulz mis sus par le sire de

(1) Odet d'Aydie, sire de Lescun et comte de Comminges, l'un des principaux adhérents du maréchal de Rieux ; le sénéchal de Carcassonne mentionné dans le second sauf-conduit était le frère de Comminges (Voy. ci-dessous n° XXXVII, § 7 ; et D. Morice., *Hist. de Bret.*, II, p. 110). Le voyage de ces deux seigneurs à Redon près de la duchesse, et surtout celui de Rieux lui-même, le 29 du même mois, marquent clairement l'existence de négociations tentées en vue d'une réconciliation. — Comminges mourut peu de temps avant le 19 avril 1490, comme on le voit par le n° XXVI ci-dessous.

(2) Registre de la Chancellerie de Bretagne de 1489-90, fol. 8 r°.

(3) *Ibid.*, f. 18 r°.

Rieux, de non en faire la recepte, et aux parroessions de chascune parroesse de non aucune chose en poier.

Se. devant le vice-chancelier, le 9 avril 1490 (1).

XXII.

AUXILIAIRES ESPAGNOLS DE LA DUCHESSE.

1489, 28 octobre. — Deschargo au sieur du Bois-Ruffler des clefs de la ville de Redon, par la baillée qu'il en fera au conte de Salines (2). Daté le 28e jour d'octobre. (Signé) G. DE FORESTZ.

Se. devant le chancelier, le 28 octobre 1489 (3).

1489, 22 novembre. — Mandement au miseur de Redon de faire les réparations necessaires environ ladite ville, sellon le divis et ordonnance du comte de Sallines, à present y estant. Daté du 22e jour de novembre. (Signé) L. MACZAULT.

— Mandement au capitaine Geffroy Ruffler (4) de bailler les clefs de ladite ville audit comte de Salins (sic). Daté le 22e jour de novembre. (Signé) L. MACZAULT.

Scellés devant le vice-chancelier, le 22 novbre 1489 (5).

1490, 20 mars. — Mandement pour le comte de Salines, adressant aux officiers de justice de la Duchesse, de estre aidans, favori-

---

(1) *Ibid.* f. 111 vo.

(2) Dom Diégo Perez Sarmiento, comte de Salinas, chef du corps de troupes espagnoles venu au secours de la duchesse au mois de mai 1489, lequel consistait en 2,000 hommes d'armes « avec un nombre considérable de piquiers, d'arbalétriers et d'arquebusiers. » (Voir Lobineau, *Hist. de Bret.*, I, 800; et d'Argentré, *Hist. de Bret.*, 3e édit., p. 989-990.) Cf. sur les auxiliaires espagnols le no LIV ci-dessous, et le préambule de notre première partie, *Bulletin de la Soc. Archéol. d'Ille-et-Vilaine*, t. IV. p. 257, note 1.

(3) Reg. de la Chanc. de 1489-90, f. 16 vo.

(4) C'est le même que l'on appelle plus haut *le sieur du Bois-Ruffler.*

(5) Reg. de la Chanc. de 1489-90, f. 31 vo.

sans, et lesser venir au port de Redon ung certain navire, et aux receveurs de non en prandre aucun devoir. (Signé) G. DE FORESTZ.

Sc. à Rennes, le 20 mars 1490 (1).

1490, 31 mars. — Prolongement du debvoir de billot de la ville de Redon jucques à quatre ans. Dabté du derrain jour de mars. (Signé) J. GUIHART.

Sc. devant le vice-chancelier, le 5 avril 1490 (2).

1490, 50 juin. — Mandement à Geffroy Ruffier, Guyon et Jehan de Lescoët, de contraindre [les habitants] à quatre lieues à la ronde environ Redon pour venir faire les reparacions y nécessaires.

Sc. à Rennes, le 50 juin 1490 (3).

1490, 3 juillet. — Mandement s'adressant au receveur et miseur des deniers ordonnez ès ouvres et reparacions de la ville de Redon, de faire faire, sur lesdiz deniers, à icelle ville des reparacions et fortifficacions, ainsi qu'ilz seront ordonnez par le conte de Salines.

Sc. à Rennes, le 3 juillet 1490 (4).

1490, 15 août. — Mandement s'adressant au seigneur de Kaymerch (Quimerc'h), capitaine de Kempercorentin, et aux bourgeoys et habitans dudit lieu, de recevoir le comte de Salines et les gens de sa charge en ladicte ville et leur administrer vivres et toutes autres choses leur requises.

Sc. devant le chancelier, le 15 août 1490 (5).

1491, 25 janvier. — Commission adreczante aux officiers de justice et capitaine de Guerrande, de choaisir au Croisic ung numbre de navires pour le passaige du conté de Salines et de ses gens, et contraindre les parroisses dudit lieu de Guerrande et la baronnye de la Roche-Bernard à poier l'avitaillement.

Sc. à Rennes, le 25 janvier 1491 (6).

---

(1) *Ibid.,* f. 101 v°.
(2) *Ibid.,* f. 108 v°.
(3) *Ibid.,* f. 130 r°.
(4) *Ibid.,* f. 130 v°.
(5) *Ibid.,* f. 157 v°.
(6) Reg. de la Chanc. de 1490-91, f. 110 r°.

1491, 27 janvier. — Ordonnance de deux mil flourins de pencion par chascun an pour le conte de Salines.

, Sc. à Rennes, le 27 janvier 1491 (1).

XXIII.

SAUVEGARDES ACCORDÉES A DIVERSES PAROISSES EN AVRIL 1490.

1490, 7 avril. — Mandement de deffense aux gens de guerre de la Duchesse de non prandre vivres ne utensilles des parroessiens de *Saint-Qué, Estable, Plorhen* (2) et *Treveneuc*, sans les poier.

Scellé devant le vice-chancelier, le 7 avril 1490 (3).

10 avril. — Mandement de deffense aux gens de guerre de non prendre vivres ne utencilles sur les parroessiens de *Tredias* et *Saint-Urielle* sans les poier et de non d'eulx exiger deniers sans exprès mandement de la Duchesse.

— Pareil mandement pour les parroessiens de *Locoal, Lostanc* et *Rianteuc* (4).

Scellé devant le vice-chancelier, le 10 avril 1490 (5).

15 avril. — Mandement de deffense à Jacques de la Chapelle de non prendre ne faire prendre ne piller aucuns deniers, biens ne vivres sur les parroessiens de *Morieuc* sans les poier.

. Sc. devant le vice-chancelier, le 15 avril 1490 (6).

16 avril. — Mandement de deffense aux gens de guerre de la garnison de la Hardonynaie de non piller les parroessiens de *Medrignac*, ne prendre aucuns vivres sans les poier.

(1) *Ibid.*, f. 110 v°.

(2) Ce nom est fort mâl écrit; ce doit être *Plourhan*.

(3) Reg. de la Chanc. de 1489-90, fol. 110.

(4) Le régistre, où les noms sont souvent mal écrits, porte *Loucal* et *Loutanc*; cette dernière paroisse est *Nostang*, appelée *Lostanc* dans tous nos anciens titres.

(5) Reg. de la Chanc. de 1489-90, fol. 112 r°.

(6) *Ibid.*, fol. 112 v°.

— Pareille deffense aux gens de la garnison de la Chèse pour les parroessiens de *Pleumyeuc* (Plumieux).

— Autre pareille deffense aux gens de guerre de ladite garnison de la Hardouinaye pour les parroessiens de *Megrit* (1).

— Pareille deffense aux gens de la garnison de Jocelin pour les parroessiens de *Ménéac*.

Scellés devant le vice-chancelier, le 16 avril 1490 (2).

18 avril. — Mandement de prohibicion et deffense aux gens de guerre estans à présent à Foulgeré et autres, de non piller les parroessiens de *Baign* (Bain) ne prendre d'eulx aucuns vivres sans les poier.

Sc. devant le vice-chancelier, le 18 avril 1490 (3).

21 avril. — Mandement de prohibicion et deffense à Eustache de Langan et autres gens de guerre de la Duchesse, de non contraindre les parroessiens de la parroesse de *Plôlan près Dinan* à leur porter vivres ne utencilles sans les poier.

— Pareil mandement pour les parroessiens d'*Ivignac*.

— Autre pareil mandement à Jacques de la Chapelle et autres gens de guerre pour les parroessiens de *Ploernuc* (4).

— Pareil mandement pour les parroessiens de *Laméaugon*.

Scellés devant le vice-chancelier, le 21 avril 1490 (5).

24 avril. — Prohibicion et deffense aux gens de guerre de Guerrando de non prendre aucuns apatilz ne vivres de la parroesse de *Saint-Nezaire* (Saint-Nazaire) sans les poier.

— Deffense aux gens de guerre des garnisons de Saint-Brieuc,

---

(1) La lecture de ce nom est très-douteuse.

(2) Reg. de la Chanc. de 1489-90, fol. 113 r°.

(3) Ibid., fol. 113 v°.

(4) Ou *Ploenuc*, qui serait *Plenouc*, auj. Plénœuf, de même que *Ploernuc* serait *Plernuc*, auj. Plerneuf, paroisse très-voisine de Laméaugon ; mais d'autre part Plénœuf n'est pas éloigné de Morieux, que les gens de Jacques de la Chapelle menaçaient aussi, comme on l'a vu ci-dessus par un mandement à la date du 15 avril 1490.

(5) Reg. de la Chanc. de 1489-90, fol. 114 r°.

de Moncontour et ailleurs, de non prendre vivres ne piller sur les parroessions des parrocsses de *Yffiniac, Hillion, Pommorel* et *Melin*.

Scellés devant le vice-chancelier, le 24 avril 1490 (1).

29 avril. — Mandement pour les parrocssiens de *Trémeur*, s'adressant aux officiers d'armée et sergens généraux, de faire deffense à Eustache de Langan et autres gens d'armes estans au chasteau de la Hardouinaye, de non prendre desdiz parrocssiens vivres, chevaulx ne autres biens sans les poier raisonnablement. Daté du 29e jour d'avril.

— Autre mandement pour les parrocssiens de *Plumaudan*, de tel effect et substance.

Scellés devant le vice-chancelier, le 29 avril 1490 (2).

XXIV.

AUXILIAIRES ALLEMANDS DE LA DUCHESSE.

1490, 9 avril. — Mandement aux officiers de la Duchesse, de administrer vivres *aux Almans dernièrement descenduz.*

Sc. devant le vice-chancelier, le 9 avril 1490 (5).

1490, 14 avril. — Mandement à Gilles de Coëtlogon, chevalier, provost des mareschaulx, de bailler ès mains de Thomas Sanschausses, commis du trésorier-général, l'argent qu'il a receu, du

---

(1) Reg. de la Chanc. de 1489-90, fol. 114 v°.

(2) *Ibid.*, fol. 117 v°.

(3) Reg. de la Chanc. de 1489-90, f. 111 v°. — Il y avait depuis longtemps en Bretagne des troupes allemandes, auxiliaires des Bretons contre les Français, et entre autres un corps de 1,500 hommes débarqué dès le mois de juillet 1487 (voir ci-dessous n° LXIII). Ceux dont il s'agit ici et que l'on dit *dernièrement venus*, étaient un renfort, dont on ignore le nombre, débarqué à Roscoff dans les premiers jours d'avril 1490 (voy. D. Morice, Pr. III, 638, 639), et duquel il est encore question dans les deux extraits de mandements publiés sous ce présent numéro, aux dates du 18 avril

commandement de la Duchesse, des *pardons* de Dol tenans à Montfort, Saint-Méen, Mauron, Plermel et Guer, pour estre iceulx deniers emploiez au soulday des Almans. Il est mandé audit Sanschausses en bailler relation pour assigner vallablement les gens
d'iglise de Dol. Daté le 14ᵉ jour d'avril. (Signé) G. DE FORESTZ.

— Mandement à Thomas Sanschausses de bailler à Lornay ce
qu'il a reçeu de deniers de missire de Coëtlogon, quels ledit Coëtlogon avoit pris, par le commandement de la Duchesse, des *pardons* puis naguères tenus à Montfort, Saint-Méen, Guer, Mauron et
Plermel. Daté le 14ᵉ jour d'avril. (Signé) G. DE FORESTZ.

Scellés devant le vice-chancelier, le 16 avril 1490 (1).

1490, 18 avril. — Mandement s'adressant à Thomas de Rioù (2),
fermier de l'impost en l'évéché de Saint-Mallo, de poier à Amaury
Marquer 6 escuz pour une pipe de vin breton ; à Regnaud Mahé,
pour une autre pipe, 6 escuz ; à N... Rouaud, pour une autre pipe,
6 escuz ; à Thomas Bihan, pour une autre pipe de vin, 6 escuz ; audit Le Bihan, pour 20 potz de vin blanc, prisez 50 s. ; item, à Jehan
Julien, pour une pipe de vin blanc d'Anjou, 12 escuz, et à Loys de
la Haye, pour vin blanc prins de lui, 6 l. Le tout monte 61 l. *Et
furent lesdiz vins prins par les Almans derroins venuz.* Daté le
18ᵉ jour d'avril. (Signé) G. DE FORESTZ.

Sc. devant le vice-chancelier, le 8 mai 1490 (5).

et du 20 juin. — Louis de Lornay était le commandant en chef de toutes
les troupes allemandes en Bretagne. Voir sur lui le nᵒ IV de notre première partie ; voir encore ci-dessous, sur les auxiliaires allemands, le nᵒ LXI.

(1) Reg. de la Chanc. de 1489-90, f. 112 vᵒ et 113 rᵒ. — Je suppose
que ces *pardons de Dol* devaient être des indulgences spéciales, accordées à
certaines fêtes dans les lieux sus-désignés, sous la condition d'aumônes ap-
plicables à la construction des tours de la cathédrale de Dol ; la duchesse, en
un besoin urgent, fit prendre l'argent de ces aumônes, sauf à rembourser
plus tard les gens de l'église de Dol, comme il est dit à la fin du premier de
ces extraits.

(2) Ou peut-être « Thomas Derien. »

(3) Reg. de la Chanc. de 1489-90, f. 110 rᵒ. — D'après cet extrait de
mandement, l'écu valait alors 29 s. 2 d.

1490, 26 juin. — Mandement au trésorier-général de poier la somme de 2,000 escuz, montans par monnoie 2,913 l. 6 s. 8 d. (1), à Pierre Beedelièvre, procureur des bourgeois de Rennes, dedans... (en blanc), quelle somme la Duchesse avoit fait prandre de François Daville, qu'il devoit ausdiz bourgeoys pour remboursement d'icelle somme que paravant ils avoint presté à la Duchesse. Et icelle somme a baillé ledit Daville au capitaine Lornay pour fournir au poiement des Almans de sa charge. Daté le 26e jour de juing. (Signé) L. MACZAULT.

Se. devant le vice-chancelier, le 26 juin 1490 (2).

1490, 26 juin. — Mandement s'adressant à Jehan de Lespinay, trésorier-général, et aux receveurs et fermiers qui seront en l'evesché de Saint-Brieuc de l'impost de l'an qui commencera le 15e jour de novembre prochain, de poier et bailler aux personnes cy-après declerées, en bonne monnoye, gros à sept deniers, savoir, à Jehan de Brehant 16 livres 15 soulz 5 deniers; à Jehan de Launay 21 l. 17 s. 6 d.; à Jehan Le Bret 16 l. 15 s. 5 d.; à maistre Selvestre Le Conte 18 l. 4 s. 7 d.; à Pierre Bougault 9 l. 2 s. 5 d.; à Olivier Bougault 13 l. 12 s. 10 d.; à Gilles Bougault 16 l. 15 s. 5 d.; à Yvon Glen 13 l. 2 s. 6 d.; à Jehan Bossart 72 s. 11 d.; à Allain de Coëtliczan 72 s. 11 d.; à Allain Hamon 56 l. 8 s. 2 d.; à Guillaume Horpin 53 l. 4 s. 7 deniers; à Nouel Glastic 26 l. 12 s. 5 d.; à Pierre Collas 109 s. 7 d.; à Allain Guiomar 109 s. 7 d.; à Estienne Couzan 18 l. 4 s. 7 d. (3) Quelle somme est pour rescompanse des biens et vivres *que prindrent les Almans dorroins descendus.* Daté du 26e jour de juing. (Signé) L. MACZAULT.

Se. devant le vice-chancelier, le 26 juin 1490 (4).

1490, 5 octobre. — Mandement aux trésorier-général et fermiers de l'impost en l'evesché de Saint-Malo, de poyer à Guillaume Vivant la somme de 40 l. pour certains vins que les Alamans ont

(1) A ce compte, l'écu valait 29 s. 1 d. et 3/5 de denier.
(2) Reg. de la Chanc. de 1489-90, f. 129 ro.
(3) Le total de tous ces articles monte à la somme de 270 l. 6 d.
(4) Reg. de la Chanc. de 1489-90, f. 128 vo.

prins et despencez chés luy. Daté du 5e jour d'octobre. (Signé)
L. MAZAULT.

Sc. devant le chancelier, le 5 octobre 1490 (1).

XXV.

L'ARMÉE DE LA DUCHESSE ANNE MISE SOUS LES ORDRES
DU PRINCE D'ORANGE.

1490, 16 avril. — Mandement, s'adressant au sire de Keimerch,
de assembler les gens de son quartier et les amener devers Monsr
le prince (d'Orange).

— Autre mandement aux juges de Guerrande de faire injonction
aux nobles dudit lieu de se mettre sus en armes et aller devers
Monsr le prince. Daté le 16e jour d'avril.

Scellés devant le vice-chancelier, le 16 avril 1490 (2).

1490, 18 avril. — Neuf mandemens pour la mandée des francs
archiers et esleuz des ix. eveschez de Bretaigne, s'adressant au
capitaine de chascun evesché, de les assembler et mener devers
Monsr le prince, et commandement aux parroessiens desdiz eveschez
de les y envoier. Daté du 18e jour d'avril. (Signé) DE LALEU.

Scellé devant le vice-chancelier, le 18 avril 1490 (3).

1490, 24 avril. — Mandement à Claude de Drosnay, estant à la
garde de Marcillé, de s'en aller à l'armée sous les ordres de Monsr
le prince, et de quitter la place à Mre Guérin de la Ducheraye (?),
auquel en a esté baillé la garde.

Scellé devant le vice-chancelier, le 24 avril 1490 (4).

---

(1) Reg. de la Chanc. de 1490-91, f. 2 vo.

(2) Reg. de la Chanc. de 1489-90, fol. 113 ro. Ce scellage s'applique aux
deux mandements ci-dessus.

(3) *Ibid.,* fol. 113 ro.

(4) *Ibid.,* fol. 114 vo.

1490, 3 mai. — Institucion de lieutenant-général de la Duchesse, de l'armée à présent au champ, pour Monsr le prince.
Scellé à Rennes, le 3 mai 1490 (1).

XXVI. (2)

DON DE LA CHATELLENIE DE TOUFFOU AU PRINCE D'ORANGE.

1490, 19 avril. — Anne etc. à touz, etc. salut. Comme depuis naguères messire Odet d'Aydye, conte de Comminge, auquel avions donné le revenu de nostre terre, seigneurie et chastellenie de Touffou sa vie durant, soit allé de vie à trespas, au moien de quoy soit ledit revenu retourné en nostre main, et d'iceluy nous appartienne jouir et en faire et disposser à nostre bon plaisir : Savoir faisons, que nous, considérans les grans, bons et louables plesirs et services que de longtemps et continuellement a faiz à feu mon très redoubté seigneur et père le Duc, que Dieu absolle, et à nous, nostre très cher et très amé cousin le prince d'Orange, et encores fait de jour en autre, au bien, deffense et entretenement de nous, nostre principaulté et seigneurie, de quoy à luy nous sentons tant et si grandement attenuz que plus ne pourrions, à iceluy, pour lesdictes causes, et lui subvenir et aider à son estat entretenir, et pour autres causes à ce nous mouvans, avons donné et donnons par ces presentes ledit revenu d'icelle nostre seigneurie et chastelenie de Touffou ò ses appartenances et deppendances, à en jouir entièrement sa vie durant, tout ainsi que nous mesmes faire le pourrions. Donné en nostre ville de Rennes, le 19e jour d'avril l'an 1490 après Pasques. Ainsi signé ANNE. Par la Duchesse, de son commandement, (signé) G. DE FORESTZ.

(1) *Ibid.*, fol. 118 rº.
(2) Reg. de la Chanc. de 1489-90, fol. 183 vº.

XXVII.

SAUVEGARDES ACCORDÉES A DIVERSES PAROISSES EN MAI 1490.

1490, 3 mai. — Mandement pour les parroessiens de *Bron* (1), touchant les pilleries des gens de guerre de la Hardouinaye et d'ailleurs. Daté du tiers jour de may. (Signé) SALMON.

— Autre mandement pour les parroessiens de *Plélo, Trégonmeur, Plérin, Tremner* (2), en l'evesché de Saint-Brieuc, touchant les pilleries des gens de Jacques de la Chapelle. Daté du tiers jour de may.

Scellés devant le vice-chancelier, le 3 mai 1490 (3).

8 mai. — Mandement par lequel est prohibé et défendu aux gens d'armes de la Hardouynaie et autres tenans leur party, de non prendre nuls ne aucuns vivres, biens, ne autres choses, des parroessiens de *Saint-Etienne, Saint-Mallou de Jugon* et *Megrit*.

Sc. devant le vice-chancelier, le 8 mai 1490 (4).

22 mai. — Mandement de deffense aux gens de guerre estans en garnison à Ploermel et autres, de non piller ne prendre vivres sur les parroessiens de *Ploermel* sans les poier.

— Pareil mandement de deffense pour les parroessiens de *Taupont* près Ploermel.

Scellés devant le vice-chancelier, le 22 mai 1490 (5).

24 mai. — Mandement, s'adressant au provost des mareschaulx, de faire enqueste de certaines pilleries qui ont esté faictes à l'abbaye de *Paimpont*.

Sc. devant le vice-chancelier, le 24 mai 1490 (6).

(1) Broons près Dinan, autrefois dans l'évêché de Saint-Malo.
(2) Sic, pour *Tremler, Tremeler*, auj. Trémeloir, paroisse qui touche Trégomeur et Plélo.
(3) Reg. de la Chanc. de 1489-90, fol. 118 v°.
(4) *Ibid.*, fol. 119 v°.
(5) *Ibid.*, fol. 121 v°.
(6) *Ibid.*, fol. 121 v°.

— Mandement de justice pour les parroessiens du *Loudéac*, touchant la deffense aux gens de la garnison de la Chèse de non les piller.

Sc. devant le vice-chancelier, le 24 mai 1490 (1).

28 mai. — Mandement au provost des mareschaulx et à ses lieutenans, de tout incontinent se transporter ès forsbourgs de *Plermel,* ès parroesses de *Taupont, la Chapelle* (2), *Saint-Abrahan, Montertello, Monterrin, Caro, Augan, Reminiac, Campénéac, Gourhel, Néant* et *Loutat* (Loyal), et faire infourmacion de certains excès, pilleries et oppressions, faictes en icelles parroesses, et mesme de ceulx qui ont invadé et assailly un nommé Johan Henry; et ceux qui en seront trouvez chargez les prendre des corps et en faire la pugnicion selon l'exigence du cas.

Sc. devant le sénéchal de Rennes, le 28 mai 1490 (3).

XXVIII.

DIVERS MANDEMENTS CONCERNANT LE FAIT DE LA GUERRE.

1490, 4 juin. — Quatorze mandemens, s'adressant aux maistres de navires de ce païs, de avitailler et équiper leurs navires et se tenir prestz de véaiger et résister aux malveillans de la Duchesse.

— Item, deux autres mandemens de pareil effect.

— Dix mandemens de mandée aux nobles et autres subgez aux armes, d'eulx tenir prestz pour véaiger lorsque leur sera commandé.

Scellés devant le vice-chancelier, le 4 juin 1490 (4).

1490, 18 juin. — Quatre mandemens pour hourder les chemins, affin de impescher le passaige de 200 lances de France, l'un adres-

---

(1) *Ibid.,* fol. 122 rº.

(2) La Chapelle sous Ploërmel.

(3) Reg. de la Chanc. de 1489-90, fol. 122 vº.

(4) Reg. de la Chanc. de 1489-90, fol. 123 rº. Ce scellage se rapporte aux 26 mandements sus-mentionnés.

sant aux officiers de justice de Morlaix, les autres aux officiers de Guingamp, Kerhoix et Moncontour.

Scellés devant le vice-chancelier, le 18 juin 1490 (1).

1490, 18 juin. — Neuf mandemens touchant l'assignacion des monstres, savoir, ceulx des eveschez de Nantes, Vennes, Saint-Mallo, Cornouaille, Saint-Brieuc et autres, à tenir à Redon, réservé Rennes et Dol qui sont assignés à tenir audit lieu de Rennes; et sont les dites monstres au ...(*en blanc*) jour de ...(*en blanc*).

Sc. devant le sénéchal de Rennes, le 18 juin 1490 (2).

1490, 30 juin. — Commission à l'amiral, les seigneurs du Plesseix-Guériff, de la Ricardaye et du Bois-Ruffier, de se transporter à Redon tenir les monstres. Daté du derroin jour de juign. (Signé) L. MACZAULT.

Sc. à Rennes, le 1ᵉʳ juillet 1490 (3).

1490, 3 juillet. — Mandement adreczant au seigneur de Meille de contraindre les manans et habitans contributifs à fouaige, en la chastellenie de Marcillé, de venir au chasteau dudit lieu faire le guet *durant les guerres et divisions qui à présent sont.*

Sc. à Rennes, le 3 juillet 1490 (4).

XXIX.

SAUVEGARDES ACCORDÉES A DIVERSES PAROISSES EN JUIN, JUILLET ET AOUT 1490.

1490, 4 juin. — Mandement de deffense touchant les pilleries, pour la paroisse de *Essé.*

Sc. devant le vice-chancelier, le 4 juin 1490 (5).

(1) *Ibid.*, fol. 124 vᵒ.
(2) *Ibid.*, fol. 125 vᵒ.
(3) *Ibid.*, fol. 130 rᵒ.
(4) *Ibid.*, fol. 130 vᵒ.
(5) Reg. de la Chanc. de 1489-90, fol. 129 vᵒ.

29 juin. — Mandement de deffense aux gens de la garnison de Comper, de non piller les parroessiens de *Mauron* (1).

Sc. à Rennes « le penultime jour de juign » 1490.

30 juin. — Mandement de deffense aux gens de guerre de la garnison de la Hardouynaye, de non piller les parroessiens de Trémoray soubz Locoet (2).

Sc. à Rennes, le 30 juin 1490 (3).

13 juillet. — Mandement de prohibicion et deffense, pour les parroessiens de *Domallain et autres parroesses*, en numbre unze parroesses, à tous les subgetz et gens de guerre de la Duchesse, de non y faire courses, pilleries, et garder estat au traité de paix. Daté le 13e jour de juillet. (Signé) MACZAULT.

Sc. à Rennes, le 13 juillet 1490 (4).

19 août. — Deffense aux gens de guerre estans au chasteau de Chasteaugiron de non prendre vivres ne autres choses des parroessiens de *Chaumeré, Piré, Saint-Aulbin du Pavell, Amanliz, Janzé, Novelou, Domllou, Venefle, la Vallette, Domaigné, Chancé et Moulins,* sans les poier raisonnablement.

Sc. devant le vice-chanc., le 19 août 1490 (5).

XXX. (6)

CONVOCATION DES ÉTATS A VANNES.

1490, 18 juin. — Neuf mandemens du remu et assignacion des Estaz en la ville de Vennes au quart jour de juillet prochain, qui

(1) Le commencement de ce nom est assez douteux, mais la dernière syllabe, fort lisible, et le voisinage du château de Comper ne permettent pas de douter qu'il s'agisse ici de Mauron.

(2) Auj. Trémorel, près la paroisse de Loscouët.

(3) Reg. de la Chanc. de 1489-90, fol. 130 r.

(4) *Ibid.*, fol. 133 v°.

(5) *Ibid.*, fol. 101 r°.

(6) Reg. de la Chanc. de 1489-90, fol. 120 r°.

G

de paravant avoient esté assignés à Ploermel au 22e jour de ce mois de juign. (Signé) Maczault.

Sc. devant le vice-chancelier, le 18 juin 1490.

XXXI. [1]

LA CHAMBRE DES COMPTES TRANSFÉRÉE MOMENTANÉMENT A RENNES.

1490, 26 juin. — Mandement à Jehan Goslin, aiant la garde des livres de la Chambre des Comptes estans à Nantes, de faire amener et conduire seurement en ceste ville de Rennes les livres et comptes qu'il a et que les autres gens desdiz comptes estans audit lieu de Nantes verront estre necessaires, pour la prochaine ouverture, qui est le second jour de juillet prochain. Daté le 26e jour de juign. (Signé) DE LALEU.

Scellé devant le vice-chancelier, le 28 juin 1490.

XXXII.

CONCARNEAU ET PLOERMEL REVENUS AUX MAINS DES BRETONS. [2]

1490, 5 juillet. — Mandement au capitaine Mouton et à Hervé Garlot, capitaine de Conq, de contraindre les manans et habitans es chastellenyes de Conq, Fouenant et Rospreden, au tour et au rang, de venir faire les réparacions necessaires à ladicte place.

Sc. à Rennes, le 5 juillet 1490 (3).

1490, 20 aout. — Mandement adressant à Madeuc et aux gens

(1) Reg. de la Chanc. de 1489-90, fol. 129 v°.

(2) Nos histoires de Bretagne mentionnent bien la prise de Ploermel et de Concarneau par les Français sous François II et Anne de Bretagne, mais non la reprise de ces places par les Bretons, qui est cependant prouvée par les deux mandements ci-dessous. Voir en outre, pour Ploermel, le n° xxx ci-dessus, et plus bas, pour Concarneau, le n° xxxvii, § 3.

(3) Reg. de la Chanc. de 1489-90, f. 130 v°.

de sa compaignie, de se retirer à Ploërmel pour resister aux entreprinses des ennemis, et de faire reparer les doubves et fossés de ladicte ville, à commencer lesdictes réparacions au 15ᵉ jour de septembre prochain venant. Daté du 20ᵉ dudit mois d'aougst. (Signé)
G. SALMON.

Sc. devant le vice-chancelier, le 21 août 1490 (1).

XXXIII. (2)

POUVOIRS AUX AMBASSADEURS ENVOYÉS VERS LE ROI DE FRANCE POUR
RÉCLAMER L'EXÉCUTION DU TRAITÉ DE FRANCFORT.

1490, 10 juillet. — Anne etc. à touz etc. salut. Comme paravant ces heures nous ayons par plusieurs foiz envoié de noz gens
devers monseigneur le roy pour l'enterinence et entretenement
de traicté de paix fait, acordé et conclut à Francfort entre mondit
seigneur le roy et très hault, très puissant et très excellant prince
mon très honnouré seigneur et cousin le roy des Romains, ouquel
estions comprinse et l'avons accepté en ce que nous touche, et
iceluy traicté entretenu, et tousjours y fait tenir et garder estat à
nostre pouvoir, et suymes deliberez de le faire pour obvier à l'ef-
fusion de sang humain et aux grans maulx et inconveniens qui au
moyen de la guerre pourroint ensuir, et nous en mectre en tel
devoir que chascun côngnoesse le bon voulloir et desir que avons
de vivre et demourer en bonne paix, amour et unyon avecques
mondit seigneur le roy; à ceste cause, et pour faire certaine remonstrance à mondit seigneur le roy d'aucunes choses concernantes
ledit traicté et bien de paix, nous avons deliberé de presentement
encores envoier de noz gens devers mondit seigneur le roy : Savoir
faisons que nous, à plain conflans et bien acertennez des sens,
honneur, bonne conduicte et diligence de nostre très cher et très
amé cousin et féal le sir de Guemené, le seigneur de Coesquen,

(1) *Ibid.*, f. 101 vᵒ.
(2) Reg. de la Chanc. de 1480-90, fol. 132 rᵒ.

nostre chambellan et grant maistre d'ostel, maistre Ollivier de
Coëtlogon, Jullien Tierry et maistre Yves Brullon, noz conseillers,
iceulx avons commis, depputez et ordonnez, et par ces presentes
commectous, depputons et ordonnons noz ambassadeurs, procureurs et messagers espiciaulx (1), ausqueulx avons donné et donnons par ces dictes presentes pouvoir, auctorité et mandement
espicial de aller et se transporter devers mondit seigneur le roy,
pour luy exposer et faire remonstrance desdictes choses et autres
qu'ilz verront estre utilles et prouffitables pour l'entretenement
dudit traicté de paix, et avec mondit seigneur le roy ou ceulx
qu'il luy plaira ordonner, deputer et commectre, communiquer,
besongner, acorder et conclure sur celuy traicté de paix, ainsi et
en la fourme et manière qu'ilz verront estre utille et convenable
pour le bien de nous, noz païs et subgez; — et pour ce que, espoir, se pourra dire qu'il a esté atempté et contrevenu audit traicté
de paix — au moien de quoy quelque eslongement se pourroit
trouver sur l'enterinence d'icelui traicté de paix, dont pluseurs
grans maulx et inconvéniens se pourroint ensuir, — de prendre
trève, abstinence ou sourséance de guerre, pour tel temps que bon
leur semblera et verront estre affaire, pour pendant celuy temps
plus facilement et convenablement pouair besongner à la restitu-
cion, reparacion et accomodement des choses qu'on pourroit dire
avoir esté faictes en actemptant ou contrevenant à icelui traicté de
paix de Francfort, tenant à ne aucunement y desroger ne prejudicier; — aussi, de convenir, acorder et appoincter de jour et lieu
avecques numbre de personnaiges pour veoir les droits selon qu'il
est dit audit traicté de paix, ainsi qu'il eust esté ou peu avoir esté
fait à la journée qui avoit esté assignée en Avignon au xve jour
d'avril derrenier; — et generallement de faire toutes et chascune les choses environ ce pertinentes et neccessaires, ainsi que
nous mesmes ferions ou faire pourrions si en propre personne y
estions, jaczoit que les choses feussent telles qu'ilz requissent

(1) Voir dans d'Argentré, *Hist. de Bret.*, livre XIII, ch. 50 (3e édit.,
p. 999-1000), le résumé des instructions données à ces ambassadeurs par la
duchesse Anne. Cf. Lobineau, *Hist. de Bret.*, t. I, p. 808-809.

mandement plus espicial, — et en bailler lectres bonnes et vallables, et aussi d'en demander les semblables de mondit seigneur le roy : — promectans et promectons par cesdictes presentes, en bonne foy et parolle de prince, avoir ferme et agréable tout ce que par nosdiz ambassadeurs, procureurs et deputez sera fait, accordé, appointé et conclut touchant ledit traicté, comme dit est, et les observer et garder de point en point inviollablement, et de en bailler noz lectres patentes confirmatoires et ratifficatoires en fourme autentique et deue, ainsi que mestier est. En tesmoign de ce nous avons signé ces presentes de nostre main et fait sceller de nostre scel. Donné en nostre ville de Rennes, le 10e jour de juillet l'an 1490.

Scellé à Rennes, le 10e jour de juillet 1490.

XXXIV. [1]

LA MAIN D'ISABEAU DE BRETAGNE, SOEUR DE LA DUCHESSE ANNE, PROMISE AU FILS DE D'ALBRET.

1490, 15 juillet. — Anne etc. à touz etc. salut. Comme aucuns différens se soient paravant ces heures trouvez en cestuy nostre pays et duché, qui aient esté cause de très grans maulx et inconveniants sur le pouvre peuple, prejudice et dommaige de toute la chose publique de nostre dit pays, et en besongnant sur le fait de l'unyon desdiz differens pour icelle unyon faire et acomplir, ait esté, entre autres points principaulx, parlé et de fait ayons voullu et consenty le mariage estre fait de nostre très chère et très amée seur germaine Isabeau de Bretaigne avec nostre bien amé Gabriel, seigneur de Avesnes, filz de nostre très cher et très amé cousin le sire d'Albret [2], moyennant le consentement de très haulx, très

(1) Reg. de la Chanc. de 1489-90, f. 134 v°.

(2) Aucun historien de Bretagne, à notre connaissance, ne parle de ce projet de mariage, qui d'ailleurs ne put se réaliser, la princesse Isabeau, soeur puînée d'Anne, étant morte le 24 août 1490; voir ci-dessous notre n° XLVI.

excellans et très puissans nos très honnourez seigneurs et frères
les roys des Romains, d'Espaigne et d'Angleterre et de deux d'eulx,
et promeimes en bailler nostre scellé : Savoir faisons que nous,
congnoessans et voyans que l'unyon desdiz différens est ung souve-
rain bien et avantaige pour la seurté et deffense de nous, nosdiz
pays et subgeetz, et que, en deffault d'icelle et par la rigueur et
continuacion d'iceulx differens, estoient en voye de perdition et de
destruction; en consideracion mesmes des bons, grans, honnou-
rables, utilles et agréables plesirs, bontez et services que par cy
davant a faiz nostredit cousin à feu mon très redoubté seigneur et
père le duc, que Dieu absolle, et dempuis son decès qu'il y a continué envers nous, pour la seurté et aide de nostre personne et
deffense de nostredit pays et duché, dont lui suymes très-grande-
ment attenue et obligée; mesmes que suymes bien adverlie du
grant et bon voulloir et affection qu'il a de y persister et s'employer, et espoirons que ainsi le face, — voullans par ce tenir la promesse par nous faicte à noz très chers et très amez cousin et cousine la dame de Laval et le sire de Rieux, — avons aujourd'uy
voullu, consenti et octroié, voullons, consentons et octroions par
ces presentes à nostredit cousin, pour et ou nom de sondit filz, le
mariage de nostredicte seur estre fait avecques ledit Gabriel son
filz, moiennant les consentemens desdiz roys des Romains, d'Espaigne et d'Angleterre ou de deux d'eulx, devers lesqueulx envoi-
rons officieusement et sans fraude ne dissimulacion entre cy et...
(date laissée en blanc) prochain venant, gens à nous féables pour
en avoir leursdiz consentemens par lectres vallables et suffisantes,
èsquelles sera fait mencion de cest nostre present octroy et scellé,
dont nous leur envoyrons le double. Et iceulx consentemens baillez
comme dit est, voullons, consentons et avons très agréable, dès à
present comme dès lors et dès lors comme à present, que ledit
mariaige soit tout incontinant fait et acomply, sans autre longueur
ne disimulacion y faire en manière quelconque. Et ainsi le promettons faire et entretenir en parolle et promesse de prince, et par la
foy et serment de nostre corps, et sur nostre honneur, sans jamays
aller, faire ne pourchasser aucune chose au contraire. Et pour tes-
moing de verité de ce, nous en avons baillé ces presentes signées

de nostre main et fait sceller de nostre grant scel. Donné en nostre
ville de Rennes, le 13e jour de juillet, l'an 1490. Ainsi signé ANNE.
Par la Duchesse, de son commandement...

Scellé à Rennes, le 13 juillet 1490.

XXXV. [1]

NOUVEAU PRÊT A LA DUCHESSE PAR LES BOURGEOIS DE RENNES.

1490, 9 août. — Mandement d'institution de receveur du fouaige
derroinement ordonné aux Estats à Vennes ou moys de juillet derroin, en l'evesché de Rennes, pour Françoys Daville. Et est mandé
audit Daville poier sur ledit fouaige aux bourgeoys de la ville de
Rennes, *diz mil livres et deux mil escuz qu'ilz ont presté à la
Duchesse paravant ces heures*, et du sourplus en faire poiement
selon les assignacions du trésorier-général. Et jouira ledit Daville
des droiz de 12 deniers par livre et autres droiz. Daté le 9e jour
dudit moys d'aougst. (Signé) G. DE FORESTZ.

Sc. à Rennes, le 12 août 1490.

XXXVI. [2]

MANDEMENT POUR LA LEVÉE DU FOUAGE VOTÉ AUX ÉTATS DE VANNES.

1490, 9 août. — Anne etc. à touz etc. salut. Comme, ou mois de
juillet derrain, ayons mandé et fait convocquer et assembler en
nostre ville de Vennes les gens des Estatz de nostre païs et duché
pour leur remonstrer les grans et necessaires affaires que avons à
porter pour la seurté et preservacion de nous, nosdiz païs et subgetz; à quoy desirons faire et donner ordre et provision et les conduire par leurs bons avis et conseilz; lesquelz gens de nosdiz
Estatz, sur lesdictes remonstrances leur faictes, congnoessans et

(1) Reg. de la Chanc. de 1489-90, fol. 136 vo.
(2) Reg. de la Chanc. de 1489-90, fol. 155 vo.

considérans lesdictes affaires ne se pouvoir conduire ne porter sans
grans deniers et finances, ont entre autres choses avisé et deliberé
estre prins, levé et receu à deux termes par tout nostre païs et duché, pour subvenir èsdictes affaires et porter la charge d'iceulx,
ung fouage de 8 livres 10 soulz par feu, avecques les droiz de
12 deniers par livre et l'esquipollant pour le sallaire de noz treso-
riers et recevours qui en feront la levée et recepte, ainsi que ès
temps passés a esté et est acoustumé de faire : savoir, le premier
terme de 110 soulz par feu à la feste de Nostre-Dame Angevine
prouchaine, et le second terme de 60 soulz par feu à la feste de
Pasques prouchaine ensuivante, sauff à icelui second terme anti-
cipé estre levé à la my-caresme par autant que les affaires et necessitez entrevendroint et le pourroint requerir : sur lequel
numbre de 8 l. 10 s. par feu et les deniers dudit premier terme ilz
aient avisé estre poié à nostre très cher et très amé cousin le
prince d'Orange la somme de 10 s. par feu, pour lui subvenir et
aider au poiement de la ranczon à laquelle il a esté mis à la prinse
qui de lui fut faicte à la rencontre de Saint-Aulbin où il estoit pour
la deffense de nous et de nostre païs, et lesdictes 8 l. estre entierement employez en nozdictes affaires. De la levée et recepte desquelz deniers ayons entièrement baillé la charge par noz lectres
patentes à nostre bien amé et féal conseillier Johan de Lespinay,
nostre tresorier et receveur general, pour en respondre des deniers et en rendre le compté et reliqua. Dempuis laquelle charge
ainsi lui baillée, nous, ayans regard et consideracion aux charges,
mises et poyementz que a à faire et porter nostre bien amé et
féal Lorens Pares, nostre tresorier des guerres, pour le fait et continuacion de sondit office, avons, par advis et deliberacion de
nostre conseil, en la presence et consentement exprès de nostredit
tresorier general, ordonné et ordonnons les deniers dudit premier
terme de 100 s. par feu des eveschez de Vennes, Cornouaille et
Saint-Brieuc, estre poiéz et baillez ès mains de nostredit tresorier
des guerres, et icelui avons commis et deputé, commectons et deputons par ces presentes quant affin d'en faire la levée et recepte
desdiz trois eveschez, tant par lui, ses commis, pour lesquelz il
respondra, aux droiz de 12 d. par livre, dont il jouira entièrement

pour icelui premier terme, ainsi que eust peu faire nostredit tresorier general, et desdiz 10 s. par feu, à la charge de faire et porter l'acquict envers mondit cousin le prince du poyement, par autant qu'il lui comptera... Donné en nostre ville de Rennes le 9° jour d'aougst, l'an 1490. Ainsi signé, ANNE. Par la Duchesse, de son commandement, (signé) G. DE FORESTZ.

Et scellé du seau de la Chancelerie en cire vermoille, le 9° jour d'Aougst 1490.

XXXVII.[1]

LETTRES DE RÉCONCILIATION ACCORDÉES AU MARÉCHAL DE RIEUX.

1490, 9 août. — Anne, par la grâce de Dieu duchesse de Bretaigne, comtesse de Montfort, de Richemont, d'Estampes et de Vertus, à touz ceux qui ces presentes lettres verront salut.

1) De la part de nostre très chière et très amée cousine et féalle la comtesse de Laval, damme de Chasteaubriend, et de nostre très cher et très amé cousin le sire de Rieux, nostre lieutenant général et mareschal de Bretaigne, nous a esté remonstré que, comme puix quatre ans derroins, les François, lors noz ennemys et aversaires, à port et puissance d'armes feussent entrez en nostre païs et duché, auquel eussent occis et mis à mort pluseurs noz bons et loiaulx subgectz, pillé et robé les eglizes, prins de noz villes et places fortes, et y fait pluseurs autres enormes et execrables maulx, tendans à conquerir nostre païs si faire l'eussent peu ; pendant lequel temps *et puix ung an et demy a ou environ*, se feussent meuz et trouvez aucuns differans et divisions en cestui nostre païs et duché entre aucuns noz prouches parens, serviteurs et subgectz.

(1) Reg. de la Chanc. de 1489-90, fol. 140 r° à 140 v°. — D. Morice n'a donné de ce très-curieux mandement qu'une très-courte et très-insuffisante analyse (*Pr.* III, 675). A raison de la longueur et de l'importance particulière de cette pièce, nous avons cru devoir la diviser en plusieurs paragraphes numérotés, numéros et divisions qui, bien entendu, n'existent pas dans le registre original, mais qui nous semblent propres à en rendre l'usage plus facile.

2) Durant lesqueulx differans *et environ le commencement d'i· ceulx*, nous de nostre personne et nostre très chère et très amée seur Isabeau de Bretaigne, avec pluseurs de noz parens, serviteurs et subgeetz, eussions voulu aller et entrer en nostre ville de Nantes, et à ceste fin esté jucques ès forbourgs et Marchiz d'icelle, en laquelle nostredicte ville estoint pour lors nozdiz cousine et cousins, lesqueulx, assemblez avecques noz féaulx et subgeetz les gens d'eglise, nobles, bourgeoys, manans et habitans de nostredicte ville de Nantes, avoient fait aucunement difficulté de nous y laisser entrer ò la bande de gens que avions avecques nous, craignans et doubtans, pour pluseurs avertissemens qui faitz leur avoient esté, se feussons entrez ou pluseurs estrangiers qui ò nous estoint, la baillée et livreson de nostre personne et de nostre ville de Nantes ès mains de nosdiz ennemys, qui eust esté la totalle destruction et perdicion de nous, nosdiz païs et subgez; et nous avoint toutesfoiz suplié que nostre plaisir feust entrer en nostredicte ville avecques les gentilzhommes et officiers de nostre maison et de nostre *garde brette*, ce que n'avions fait, ains estions allée en nostre ville de Rennes, en laquelle dempuis avons fait nostre residance et demourance, et uncores à present y suymes.

3) Lesquelz Françoys, voians lesdiz differans, en continuant leurs mauvoises et dampnables entreprinses d'avoir et conquerir noz villes de Nantes, Redon, Guerrande et autres et tout le parssus du pays, s'estoient bien tost après renduz en grande puissance aux passaiges tant de Rioux que ès environs pour devoir passer la Vilaigne, à quoy nostredit cousin, en se desmontrant par effect nostre bon, vroy et loial parant et subjet, avoit, ò les gens de guerre ò lui estans et ceulx de nostre très cher et très amé cousin le .sire d'Albret, à toute sa puissance resisté, à grans paines, mises, fraiz et travailz, tellement que lesdiz Françoys n'avoint passé ladite rivière, ains s'estoint retirez vers nostre bas païs, ouquel lors ilz tenoint presque toutes noz villes et places. Lesquelz François nostre dit cousin ò toute sa bande avoit tousjours suyvy et tellement leur resisté, ò l'aide et secours qu'il avoit pleu à très hault, très excellant et très puissant prince mon très honnoré seigneur et cousin le roy d'Angleterre nous envoier, avecques grant nombre de noz gens

de guerre et de pluseurs noz féaulx et subgetz, que grâces à Dieu avoint esté recouvertes, réduictes et mises en nostre obeissance la pluspart des villes et places que lors tenoient lesdiz François; et singulièrement, la place de Concq, par apposicion de siège et grans labeurs et sumptueuses paines et travailz, a esté mise hors des mains desdiz Françoys et réduicte en nostre obeissance. (1). Paroillement, avoit nostredit cousin, à grans mises et travailz, à l'aide et secours devant diz, tenu le siege par l'espace de trois moys ou environ devant nostre place et chasteau de Brest, ouquel sont uncores lesdiz Françoys. Pour lesquelles choses faire ait nostredit cousin, avec pluseurs autres de noz feaulx et subgetz le suyvans ausdictes affaires, eu, porté et souffert graves et instimables paines, travailz, mises et dommaiges.

4) Pour à quoy subvenir leur a convenu prandre et faire prandre, cuillir et recevoir, et de fait ont prins, cuilly et receu et fait recevoir sur noz païs et subgetz grans numbre de noz deniers et finances tant ordinaires que extraordinaires; aussy ont fait et fait faire, à l'advis et consentement de pluseurs noz supotz de nosdiz Estatz et autrement, imposicions et nouveaux deniers qui ont esté fait lever sur pluseurs noz subgetz contributiffs à fouaige et autres; semblablement, pour subvenir ausdictes necessitez a fait nostredit cousin le mareschal baptre, mounoyer et ouvrer en noz monnoyes de Nantes, et du coign de nozdictes monnoyés, gros à deux soulz seix deniers la pièce et monnoie noire par les maistres monnoyers et officiers desdictes monnoyes, le tout de plus basse loy que le pié de monnoye n'avoit esté ordonné precedentement par mon très redoubté seigneur et père le Duc, dont Dieu ait l'amme, et par nous successivement.

5) Item, a nostredit cousin le mareschal prins et fait prandre pluseurs bagues d'or et d'argent que avions en nostredicte ville de Nantes, savoir, deux flacons touz vermeilz dorez, à ouvraige de Venise, à deux anses garniz d'esmaulx esmaillez et couvers d'or, lesdiz esmaulx à pluseurs personnaiges, et ledit esmail de rouge

(1) Rectification à Lobineau et Morice, qui prétendent que Concarneau ne fut pas repris par les Bretons.

cler et à pluseurs personnaiges ou corps et couvercle desdiz flacons, pesans iceulx deux flacons 207 marcs 4 onces 7 gros. Item, deux grans drageouers de la faczon de Millan, touz vermeilz dorez, garniz d'esmaulx couvers d'or, esmaillez de rougé cler à pluseurs sortes de personnaiges, au pié desquelz drageouers a quatre personnaigés en faczon d'anges à instrumens, et au pommeau autant de semblable faczon, avecques leurs couvercles esmaillez dehors et dedans et de pareil esmail que sont lesdiz drageouers, à ung personnalge au bout tenant en une main une targe semée d'ermine et en l'autre main une halbarde, pesans iceulx drageouers à leurs couvercles 239 marcs d'argent doré. Item, ung sacraire rond sans maczonnerie, garny d'esmaulx faiz d'esmail sur esmail, à pluseurs personnaiges, le hault ront en faczon d'un mirouer, le pommeau en faczon d'une esguière garny d'esmaulx, et ou dedans se met *Corpus Domini*, ledit sacraire assis sur trois piez de griffon et troys pommettes rondes et persées, sur chascune ung personnaige desur, et pareillement garny d'esmaulx à pluseurs personnaiges, pesant ledit sacraire 54 marcs d'argent doré. Quelles espèces montent ensemble 500 marcs 4 onces 7 gros argent doré.

6) Pareillement a esté par nostre dit cousin, et par son commandement et commission, baillé et afermé le devoir d'impost des vins venduz et à vendre par detail l'an present, commenczant au 15e jour de novembre derrain, en pluseurs villes et parroesses de l'evesché de Nantes, à aucuns marchans, qui ont fait avance de partie des deniers d'icelles fermes et d'autre partie accepté assignacions et baillé obligacions sur eulx de les fournir. Oultreplus, a nostredit cousin le mareschal prins et fait prandre pluseurs biens à nous apartenans par confiscacions, amandes, briz de mer, et autrement. Mesmes a nostredit cousin le mareschal, pour l'extremité de sesdictes neccessitez, baillé, octroié et promis le devoir de trecto de 1380 muylz de sel, avecques faculté de le tirer jucques au premier jour de janvier prochain, à ung nommé Jehan Le Faulcheur, marchant, demourant à Angiers.

7) Lesquelz deniers tant ordinaires que extraordinaires et biens surdiz nostredit cousin le mareschal a receu et fait recevoir, comme dit est, par les recevours et commis, et iceulx mis et employé, fait

meptre et emploier à la souldo et entretenement desdiz gens de
guerre avecques luy lors et uncores estans, pour la tuicion et deffense de nostredit païs et pour entretenir les estatz et pensions de
nostre cousin d'Albret et de nostredit cousin le mareschal, auquel
a esté requis tenir plus grande maison que par avant ne faisoit,
semblablement pour l'entretenement et estat du feu sire de Comminge et du seneschal de Carcassonne son frère. Avecques, a
exposé pluseurs desdiz deniers pour l'envoi de pluseurs ambassadeurs, lesqueulx luy a convenu envoier en plusieurs et divers
lieux pour le bien de nous et de nostre païs, aussy pour l'effect et
conduicte de l'artillerie, qu'il a fait mener et conduire tant devant
lesdictes places de Concq, Brest, que ailleurs, pour la deffense de
nostredit païs, et en pluseurs autres exprès et neccessaires affaires
pour la seurté, protection et deffense de nous, noz païs et subgez,
dons et entretenement de pluseurs gens d'estat qui l'ont suivy et
servy, et en pluseurs autres manières et despenses. Et pour tant que
ceulx deniers no suffisoient à porter lesdictes charges, lui a en
oultre convenu vendre et engaiger pluseurs et grant nombre de ses
héritaiges et en a employé les deniers à nosdictes affaires.

8) Et en la conduicte de nosdictes affaires, ainsi que dessus est
dit et supposé, pour la tuicion et deffense de nous, nos païs et subgetz, pluseurs noz parens, prelatz, barons, chevaliers, escuiers, gens
d'église, bonnes villes et autres noz subgitz ont suyvy et favorisé
nostre dit cousin, et principallement nostredicte cousine de Laval,
lesdiz gens d'eglise, nobles, bourgeoys, manans et habitans de
Nantes, lesquelz, en bonne et saine intencion de bien nous servir,
ont baillé et envoié à nostredit cousin, pour subvenir et aider ausdictes affaires, or, argent, artillerie, pouldres, pierres et boulles de
fer, le soustenu et favorisé avec ceulx qui l'ont suyvy à ladicte deffense et resistance en tout ce que possible leur a esté.

9) Et oultre ce, pour tant que en nostre ville de Guerrande et ès
environs, ou chasteau de Machecoul et ailleurs ou païs de Rais,
avoit gens qui prenoint et destroussoint toutes manières de gens,
foussent heraults, chevauchours, marchans ou autres, passans par
lesdictes meetes, — sur intencion de vuyder lesdiz quartiers d'i-
celles gens, à ce que en bonne seurté on peust vivre, aller et venir,

passer et rapasser èsdictes moctes, pour le bien et avantaige de
nostredit païs, — aucuns gens de guerre estans lors en nostre ville
de Nantes, ensemble des nobles, bourgeoys, manans et habitans
d'icelle, de nostre ville du Croesic et d'autres parroesses de l'evesché de Nantes et d'ailleurs, misdrent et apposèrent le siége devant
nostredicte ville de Guérrande, en laquelle pour lors estoint de par
nous nostre bien amé et féal conseiller et chambellan Philipes de
Montauban, chevalier, nostre chancelier, et pluseurs noz conseillers et servitours domestiques et autres. Pareillement, avoint mis
et aposé le siége devant le chasteau de Machecoul en nostredit
païs. A l'occasion desqueulx differans, divisions et sièges, soient
ensuiz pluseurs maulx et dommaiges et inconveniens, oppressions
et prinses de personnes et biens.

10) Mesmes, durant les temps et dissensions que dessus, avons
fait et fait faire pluseurs assignacions de monstres des nobles,
ennobliz et subgez aux armes, aussi avons envoié pluseurs noz
mandemens par nostre dit païs et duché, ausqueulx mandemenz et
assignacions n'ont obéy pluseurs noz subgetz suyvans et favorisans
nostredit cousin et son intencion. Et ès occasions desdictes choses
et divisions et pendant icelles, avons fait pluseurs dons, confiscacions et saesies de biens moubles et heritaiges de pluseurs qui ont
suyvy nostredit cousin, et aussi fait revocacion et don à pluseurs
autres personnes de pluseurs choses données et imparties, pour
retribucions et congnoessances et autrement, tant par feu mondit
seignour et père que par nous; et aussi destitué pluseurs noz officiers de leurs offices, lesquelz neantmoins avoient exercé ledit office,
donné pluseurs sentences en matières civiles et criminelles, fait et
fait faire pluseurs esplects et execucions de justice, ordonnances et
commandemens. De quoy ont demandé que leur en baillons lectres
de ratiffication, confirmacion et approbacion et aussi de quitance,
avec revocacion desdictes confiscacions et dons à autres personnes,
tant pour nosdiz cousine et cousin que pour ceulx qui ont tenu et
suyvy leur party ès affaires et choses dessusdictes, en ayant esgart
au grant desir, affection et bon voulloir que tousjours ont eu et
monstré par effect eulx et ceulx qui les ont suyvyz de bien et
loiaument nous servir, préserver et garder.

11) Pour quoy, savoir faisons que nous, aians esgart et considéracion, que la prosperité bien et avantaige de nous et nostre dit païs est et consiste principallement en la bonne et vroie union et obeissance qui est et doit estre entre nous, noz parents et subgetz; aussi reduysans à mémoire les bons services de nostredit cousin devant suposez et d'iceulx qui en ce l'ont suyvy et favorisé, espérans que de bien en mieulz ilz y persevèrent à nous servir et obéir par les temps à venir; pour celles et autres raisonnables causes et considéracions à ce nous mouvans, avons voullu et octroyé, et par ces presentes voullons et octroyons que nostredit cousin et ceulx qui l'ont servy et suyvy son intencion èsdictes affaires soient et demourent quietes, et de fait les quietons entièrement de touz et chascun les deniers et sommes de finance que nostredit cousin a prins, levé et exigé, fait prandre, lever et exiger en nostredit pays par les formes et manières devant dictes et chascune d'icelles, tant de nos deniers ordinaires que extraordinaires, confiscacions, amandes, briz de mer, profitz de monnoyes et monnoiaiges, prinse et vendicion de nosdictes bagues et vexelle d'or et d'argent que autrement, et entierement de tout ce que dessus, sans que à nostredit cousin, aux maistres et monnoiers et autres officiers desdictes monnoyes, receveurs, officiers de finance et autres quelzcomques personnes en soit ou puisse estre fait aucun reproche, action ou question, sauff à en estre le compte rendu comme cy après sera dit et devisé; ò ce que mesmes avons bien congnoessance que nostredit cousin a mis et fait mectre et emploier lesdiz deniers et finances et autres pluseurs qu'il a prins sur son propre bien ès affaires et necessitez dessurdictes, pour le bien de nous, nostre païs et subgectz; sans toutesfoiz que lesdictes imposicions et levées de deniers par nostredit cousin faictes et executées, ainsi que devant, nous puissent ou doient aucunement prejudicier pour l'avenir : voullans et voullons que d'iceulx deniers ainsi par lui et sesdiz commis prins et fait lever ilz jouissent, avecques, desdictes assignacions qui par cy devant ont esté par eulx faictes sur lesdiz deniers, ainsi que dessus......

Donné en nostre ville de Rennes, le neuffviesme jour de aoust, l'an mil CCCC quatre vingtz dix. Ainsi signé, ANNE. Par la Duchesse de son commandement, (signé) G. DE FORESTZ.

Et scellé en cire vermeille du scel de la Chancelerie.

XXXVIII. [1]

DON D'UNE INDEMNITÉ DE 100,000 ÉCUS ET D'UNE PENSION DE
12,000 LIVRES AU MARÉCHAL DE RIEUX (2).

1490, 9 août. — Anne etc. à touz etc. salut. Comme, quatre ans a ou environ, noz ennemys et adversaires les Françoys soient à port et puissance d'armes entrez en nostre païs et duché, et dempuis, tant du vivant de feu mon très redoubté seigneur et père le duc derroin decedé, dont Dieu ait l'ame, que dempuis, continuellement ilz aient fait et mené la guerre, prins, pillé, destruit et tué pluseurs noz bons et loiaulx subgectz, brullé et rasé grant nombre de maisons, et fait d'autres enormes maulx, oppressions, violences et dommaiges sur noz païs et subgectz, tendans les conquérir si faire l'eussent peu, et, entre autres choses, aient nozdiz ennemis brullé et arasé les places et chasteaulx d'*Ancenis, Rieux, Rochefort* et *Esteven*, qui sont en cestuy nostre pays et duché et appartiennent à nostre très cher et très amé cousin et féal le sire de Rieux, nostre lieutenant général et mareschal de Bretaigne, coupé et abatu ses boys et foretz, desmoly et rompu ses moulins et chaussées, escoullé ses estangs, prins et pillé grant numbre de ses biens meubles et utencilles et levées de heritages à bien grant valleur et estimacion, aussi arasé, brullé, coupé et desmoly grant numbre de maisons et habitacions de pluseurs de ses hommes et subgez, prins, pillé leurs biens et levées, tellement que nostredit cousin le mareschal est interessé et endommaigé ou revenu de ses

(1) Reg. de la Chanc. de 1489-90, fol. 138 v°.

(2) D. Morice n'a publié de ce mandement qu'une très-courte et très-insuffisante analyse dans ses *Preuves*, III, 674.

rentes, devoirs et heritaiges à la valleur de bien 10,000 livres par an : et le tout en haigne du bon et louable service que nostredit cousin nous fesoit et encores fait de jour en autre à resister contre nozdiz ennemis. Aussi aient esté touz les biens et heritaiges que nostredit cousin avoit ès parties de France prins et snesys ès mains du roy, qui en a fait don à qui bon lui a semblé, et n'en a nostredit cousin aucunement jouy ne peu jouir : et ès choses dessurdictes ait esté et soit nostre cousin interessé et endommaigé à la valleur de 300,000 escuz ou environ.

Oultre, pour nostredit cousin s'entretenir en nostre service pour resister contre nosdiz aversaires et à leurs mauveises et dampnables entreprinses, et entretenir les gens de guerre à lui estans, ait mis et emploié ce qu'il avoit d'or et d'argent monnoyé et à monnoyer, bacgues, joiaulx et autres ses biens meubles, à la valleur de bien 100,000 escuz et davantaige; à ceste cause luy ait convenu soy endebter, prandre et emprunter grandes sommes de finance sur ses biens et heritaiges par ypothèque de rente et pancions (?) comme il dit, et, entre autres, de noz chers et bien amez conseillers et orateurs l'abbé de Prières, les doyen et chapitre, bourgeoys, manans et habitans de nostre ville de Nantes, le chappittre de Kempercorentin, messire Michel de Partenay, Jullien Tierry, Michel Le Pennerch et Colinet de Marchy, ainsi que peut apparoir par les lectres et obligacions sur ce faictes; et mesme ayt nostredit cousin, comme lors nostre tuteur, baillé ès mains de nostre bien amé et féal conseiller et chambellan Gilles de Coëtlogon, nostre provost des mareschaulx, pour le poicment et soulde des Almans lors estans avecques nous à Redon, grant numbre de sa vexelle d'argent, et aultre partie baillée pour nous servir à grant valleur et estimacion, sellon la relacion en faicte et baillée à nostredit cousin.

Et pour ce, à bonne raison, soyons tenuz et obligez à recongnoestre nostredit cousin des bons et louables services qu'il a faitz et fait à la seurté et deffense de nous, noz païs et subgectz, le rescompancer des mises et dommaiges qu'il a euz et soustenuz à ceste cause, et à l'acquicter et rendre indempne de ce qu'il a prins et emprunté des devant nommez, pour tant qu'il les a exposez pour noz propres et très necessaires affaires et de nostre païs, et lui faire

7

restituer sadite vexelle d'argent par espèce ou valleur. *Du tout desquelles choses ait esté fait ample remonstrance aux gens et suppotz de nos Estatz tenuz à Vennes ou moys de juillet derrain,* lesqueulx ont esté tous d'advis, conseil et oppinion que luy devons faire lesdictes recongnoessances, restitucions et rescompances et lui en bailler lectres de seurté bonnes et vallables.

Pour quoy, savoir faisons que nous, lesdictes choses considerées, avons, *par advis, conseil, deliberacion et consentement des gens et suppotz de nos diz Estatz,* donné et octroyé, donnons et octroyons par ces presentes à nostredit cousin, pour partie de la rescompance de la desmolucion desdictes places, moulins, chaussées, boys, estangs, et perdicion de ses biens moubles et levées de heritaiges la somme et numbre de 100,000 escuz d'or, à en avoir poiement par dix années prouchaines à venir, qu'est 10,000 escuz par an, dont dès à present le assignons sur les premiers et plus clers deniers de nostre comté et provosté de Nantes, jucques au poiement desdiz 100,000 escuz; et s'il advenoit — que Dieu par sa grâce vueille permectre! — que nous et nostre païs venssons à conclusion de bonne paix, nous voullons que, en celui cas, nostredit cousin soit poié par chascun an sur lesdiz deniers de la somme de 15,000 escuz, pour haster le poiement de la somme de 100,000 escuz, affin de plus prestement subvenir à sesdictes necessitez.....

Et en faveur des bons, grans et louables services de nostredit cousin, à icelui avons donné et octroié, donnons et octroions par cesdictes presentes, la somme de 12,000 livres monnoie de pancion par chascun an, pour luy ayder à soy entretenir en nostre service avecques cent hommes d'armes et deux cens archiers; et pour poiement d'icelle pencion et entretenement desdiz cent hommes ò loursdiz deux cens archiers, l'avons dès à present assigné et assignons sur les deniers et finances de nostredit comté et recepte ordinaire de Nantes et aussi sur les deniers extraordinaires, comme impostz, fouaiges ou autres subsides du tout en l'oveschè de Nantes..... Donné en nostre ville de Rennes, le 9e jour d'aoust, l'an 1490. Ainsi signé, ANNE. Par la Duchesse, de son commandement, (signé) G. DE FORESTZ.

Scellé à Rennes, le 12e jour d'aougst 1490.

XXXIX. [1]

LE MARÉCHAL DE RIEUX DÉCHARGÉ DE LA TUTELLE DE LA DUCHESSE.

1490, 9 août. — Anne etc, à touz etc, salut. Comme ainsi soit que feu prince de louable recordacion le Duc, mon tres redoubté seigneur et père cui Dieu absolle, par son testament et derroine volunté, en disposant de ses choses et affaires de sa principaulté, comme bien et sainement disposant de son salut et des choses à icelui nécessaires, ait institué et ordonné par sondit testament et derroine volunté nostre très cher et très amé cousin et féal le sire de Rieux et de Rochefort, mareschal de Bretaigne et son lieutenant général, nostre tuteur et garde, pour honneur duquel mondit seigneur et père et les bonne amour et singulière affection que nostredit cousin de Rieux, mareschal et lieutenant dessurdit, avoit à nous et au bien universal de nostredicte principaulté, icelui nostre cousin et féal liberalment et de grant et bon voulloir ait prins et accepté la charge dessurdicte, et successivement par decret de nostre justice et conseil il y ait esté auctorisé, ainsi que requis estoit (2). Par vertu desquelles choses nostredit cousin de Rieux, en celle qualité, ait eu le gouvernement et administracion tant de nostre personne que des choses concernans les faictz et conduicte de nous et nostre principaulté jucques à bien peu de temps paravant l'eaige de nostredicte tutelle avenu et acomply; aussi fait faire, insculper et engraver signet et seaulx de noz armes pour signer et seller les lectres, actes, et mandemens durant ladicte tutelle. Et puis ledit temps, continuellement et jucques au temps present, lui voiant et congnoessant les excessives entreprinses, oppressions et dommaiges que noz ennemiz et aversaires

(1) Reg. de la Chanc. de 1489-90, fol. 154 r°.

(2) Le duc François II, par acte testamentaire du 8 septembre 1488, avait donné la tutelle de ses deux filles, Anne et Isabeau de Bretagne, au maréchal de Rieux, qui en fut mis en possession par le Conseil de la Duchesse le 24 octobre suivant. Voir D. Morice, Pr. III, 612-613.

faisoint à nous, noz païs et subgetz, se soit mis en armes avec toute
la puissance qu'il ait peu assembler et recuillir, tant de noz subgetz
et originaires de nostredit pays que d'autres gens de guerre et deffense, et, comme nostre lieutenant général et mareschal, ait conduit
pour la pluspart le fait de la guerre et deffense de nous et nostredit
païs sans en rien y avoir espargné sa personne ne ses biens, es-
queulx affaires il se soit bien et vertueusement conduict et acquicté,
qu'il en est digne de louange et de louable recongnoessance.

Du tout desquelles choses il ait fait et fait faire remonstrance,
tant à nous et nostre personne *que eux supostz de noz Estatz,
tenuz en nostre ville de Vennes ou moys de juillet derroin*, requérant, ainsi que raison est, estre libéré et acquicté du fait de nostredicte tutelle et des charges et affaires icelle tutelle concernans,
par lesquelz supostz de nozdiz Estatz, congnoessans et deuement
informez et certiffiez de la bonne et vertueuse conduicte de nostredit cousin et féal ou fait de ladicte tutelle et des autres choses devant supposées, *ait esté donné conseil, oppinion et advissement
que justement et à bon droit nostredit cousin de Rieux devoit
avoir et obtenir lectres vallables et auctenthiques de toutes ample
liberacion et quictance du fait de ladicte tutelle*, sequelles, circonstances et deppendances, oultres les grans recongnoessances qui pour
ses bonnes et louables conduictes devant supposées lui apartiennent.

Savoir faisons que nous, bien et deuement acertennez que les
choses surdictes sont véritables, et que nostredit cousin de tant
loial vouloir que possible lui a esté nous a servi en l'administracion de ladicte tutelle, et a conduict, deffendu, porté et soustenu
les affaires de nostredicte principaulté et encores fait de jour en
aultre; congnoessans aussi et acertennez que jamais nostredit cousin n'eut ne receut en sa garde ne administracion, soubz umbre ne
par vertu de ladicte tutelle, nulz ne aucuns de noz biens meubles
nous escheuz et avenuz par le décès de mondit seigneur et père ne
de ceulx que avions au temps de sondit decès, mais, sans en faire
aucun nouvel inventoire; demourèrent ès mains et garde des officiers de mondit seigneur et père et des nostres, queulx par la
charge aultresfoiz par eulx entreprinse nous en rendront compte,
ainsi que tenuz y sont : lequel inventoire *pour la briefveté du*

temps de l'administracion de nostredit tuteur qui ne dura que trois mois ou environ, ne put estre fait, obstant aussi les grans sollicitudes et occupacions que lors et à celui temps avoit et eut nostredit tuteur ès autres affaires de nous et nostredit païs et à la garde et deffense d'icelui contre nosdiz aversaires; congnoessans oultre et acertennez que, combien que nostredit cousin, durant et soubz ladicte administracion de tutelle, ait prins et receu, fait prendre et recevoir pluseurs finances, deniers et devoirs qui douz estoint tant à mondit seigneur et père que à nous, qui sont escheuz durant le temps de ladicte tutelle, il les a mis et emploiez à noz affaires : pour celles et autres causes à ce nous mouvans, avons en ce jour quicté et quictons nostredit cousin, ses hoirs et cause aians de toute rendicion de compte de ladicte administracion et tutelle, et pareillement desdiz signet et seaulx dont devant est fait mencion, avecques touz ceulx et chascun qui soubz lui et sadite tutelle en ont eu charge et administracion, sans toutesfoiz approuver les choses, s'aucunes sont, qui auroient esté faictes contre et au prejudice des droiz souverains, sans ce que jamais ou temps avenir nous, nos hoirs et cause aians les puissons contraindre ne compeller audit compte rendre; et generallement le quictons de toutes et chascune les choses concernantes l'exercice et administracion de ladicte tutelle, circunstances et deppendances,....... Donné en nostre ville de Rennes le 9e jour d'aoust 1490. Ainsi signé ANNE. Par la Duchesse, de son commandement, (signé) G. DE FORESTZ.

Scellé à Rennes, le 9e jour d'aoust 1490.

XL. (1)

DON D'UNE INDEMNITÉ DE 100,000 ÉCUS ET RESTITUTIONS DE PENSIONS A FRANÇOISE DE DINAN, COMTESSE DE LAVAL.

1490, 9 août. — Anne etc. à touz etc. salut. Comme, puix quatre ans derrains, les François, lors noz ennemiz et adversaires, aient

(1) Reg. de la Chanc. de 1489-90, fol. 141 vº.

entré à port d'armes en nostre païs et duchié, y prins plusours places, villes et chasteaulx et fait plusours grandes et énormes pilleries, murtres et occisions de peuple, en intencion de comquerir le tout de nostre païs, et s'en soient mis en devoir en toute dilligence que possible leur a esté : pour quoy empescher avons esté secourue et aidée de plusours noz bons parens, amys, alliez et subgetz, et, entre autres, en noz affaires touchant ce ayt suivy et tenu nostre bon et loial parti nostre très chère et très amée cousine et féalle damme Françoise de Dinan, contesse de Laval, et nous y ait servy à son pouair, à grans et instimables fraiz, coutz et mises, dont elle est digne de grande renumeracion. Et en haigne et malveillance que pour ce vers elle ont eu lesdiz François, ilz ont abrasé, demoly et abatu, faict demolir, bruller, abraser et abatre les ville et chasteau de *Chasteaubriand* (1), les chasteaulx de *Montafillant* et du *Guildo*, apartenant à nostredicte cousine, rompu et abatu ses bois anciens d'environ lesdiz lieux, ses moulins, estancs et chaussées, dont elle a esté endommaigée à l'estimacion de 300,000 escuz ou environ, oultre les biens meubles à elle apartenans que prindrent lesdiz François esdiz lieux, à grant valleur et estimacion. Ont occupé et occupent lesdiz François icelles terres et seigneuries de Montafillant, le Guildo, Plancoet, Sevignac, Planguenoal, Beaumanoir, Becherel, et plusours autres terres appartenantes à nostredicte cousine ès parties de Dinan, Saint-Malo, Anjou, Normandie et Poitou. Et obstant lesdictes guerres, ne jouist ne peut jouir nostredicte cousine que de bien peu de chose de ses terres et revenuz de Chasteaubriand, d'oultre Loire, des marches et lisières de nostredit païs et d'Anjou et de Poitou : pour lesquelles occupacions et empeschemens des jouissances que dessus, est diminué le revenu de nostredicte cousine de 20,000 livres par an ou plus.

Oultre, soit ainsi que ou vivant de prince de très louable recordacion mon très redoubté seigneur et père le duc, que Dieu absolle, il eust eu et prins de nostre chère cousine, par prest, certain nombre de vexelle d'argent, pour poyement de laquelle vexelle

(1) Châteaubriant fut pris par les Français le 23 avril 1488.

et autres certaines causes lui en eussions, dès le moys de novembre l'an mil quatre cens quatre vingt onict, ordonné luy estre poiée la somme de 20,200 livres, dont encore lui reste et est deue à present la somme de 10,000 livres. Item, soit ainsi que par noz predecesseurs, que Dieu absolle, ait esté baillé et assigné à nostredicte cousine, entre autres choses, pour droit de douaire lui apartenant et acquis par cause du mariaige d'elle et de feu Gilles de Bretaigne dont Dieu ait l'amme, le nombre de 500 livres de rente, à lui estre poyé par chascun an en chascune feste de la Nativité Nostre-Dame, sur nostre recepte ordinaire de nostre ville et seigneurie de Dinan et par le recevour d'icelle ; quelle ville de Dinan soit occupée par lesdiz François troys ans a ou environ (1), et, obstant ce, ne ait pu nostredicte cousine estre poyée d'iceluy nombre de rente, mais lui en restent [dus] les erréaiges dudit temps et d'un an paravant, que sont quatre ans, montans la somme de 2,000 livres monnoie. Et oultre, comme dès le vivant de mondit seigneur et père eust esté par lui ordonné à nostredicte cousine, à entretenir son ostat, le numbre de 11,000 livres de pension par chascun an, sur les finances de nostre païs, quelle pension, dempuix le decedix de mondit seigneur, luy ait esté par nous conformée et uncores lui fait ordonnance, de laquelle penssion elle n'ayt eu aucun poiement de l'an finy ou moys d'octobre derrain, ne de l'an present qui finira ou moys d'octobre prochain venant, que sont 22,000 livres.

Desquelles pertes, deffault de jouissances et erréaiges que dessus, soyons, de bonne raison et équité, tenue à rescompancer nostredicte cousine, laquelle, pour nous avoir servy, favorisé, tenu et suyvy nostre bon et loial party en noz affaires contre lesdiz François, a eu et soustenu les pertes que dessus, *et de ce aions eu conseil par les suppotz de nos Estatz assemblez et tenuz à Vennes, ou mois de juillet derroin :*

Savoir faisons que nous, réduisans à mémoire les bons, grans, louables, et honorables services que nous a faitz et fait de jour en

(1) Il n'y avait encore guère que deux ans, la reddition de Dinan aux François étant du 7 août 1488. (Voir D. Morice, Pr. III, 595-597.)

autre nostredicte cousine et la grande affection qu'elle a eu à
mondit seigneur et père que Dieu absolle et à nous, ne voullans
que elle, qui est nostre si prouche parente, ayt ou souffre diminucion en son estat ne autrement, mais desirans luy subvenir, ayder,
et favoriser touchant les choses que dessus à nostre pouair, et
pour autres causes à ce nous mouvans, *par l'advis et deliberacion
mesmes de nostre grant Conseil*, avons voullu, consenty, octroyé,
nous suymes obligée et nous obligeons à nostredicte cousine luy
poier par chascun an, à l'avenir, sur noz deniers et finances de
nostre païs et duchié, la somme de 11,000 livres pour sadicte pension, avecques ledit nombre de 500 livres de rente par autant de
temps que lesdiz Françoys tendront et occuperont nostredicte ville
et seigneurie de Dinan et qu'elle n'en pourra jouir sur icelle. Et
d'abundant, avons promis et nous obligé, voullons, promettons et
nous obligeons poier à nostredicte cousine la somme de 2,000
livres monnoie pour les erréaiges de quatre ans desdictes 500 livres
de rente, et lesdictes 10,000 livres monnoye lui restans de ladicte
somme de 20,200 livres.

Et au parssus, pour partie de la rescompance des pertes que a
eu et soutenu nostredicte cousine à l'occasion de la desmolucion,
abatue et abrasement desdictes villes, chasteaulx, moulins et bois,
perdicion de moubles et non jouissance desdictes terres et seigneuries, en attendant luy faire plus grande rescompance et remu-
neracion par autre temps, lorsque verrons les deniers et finances
de nostredit païs le pouoir convenablement porter, nous avons
voullu, consenty et octroyé, promis et nous obligé, voullons, consentons, octroyons, promettons et nous obligeons poier à nostredicte cousine la somme de 100,000 escuz d'or, ou monnoye à celle
valleur, à estre fait le poiement à nostredicte cousine de ce que
dessus sur les premiers et plus clers deniers de noz receptes
ordinaires et extraordinaires, portz et havres, impostz et fouaiges
de nostre seigneurie, terre et evesché de Vennes, par autant qu'ilz
y pourront suffire,... et en ce que sont lesdiz 100,000 escuz, à en
estre nostredicte cousine poyée par dix ans prouchains venans sur
lesdiz deniers et finances dudit evesché, savoir, par chascun
d'iceulx dix ans, la somme de 10,000 escuz; et ou cas que en cest

nostre païs et duché, par la grace de nostre Créatour, aurions paix durant ledit temps, en celuy cas nous poyrons et ferons poyer à nostredicte cousine la somme de 15,000 escuz par chascun an, jucques à poyement entier.... Donné en nostre ville de Rennes, le 9° jour d'aoust, l'an 1490. Ainsi signé, ANNE. Par la Duchesse, de son commandement, (signé) G. DE FORESTZ.

Et scellé du scau de la Chancelerie.

XLI. (1)

DON DE 100,000 ÉCUS AU SIRE D'ALBRET.

1490, 11 août. — Anne etc. à touz etc. salut. Comme nous ayons promis de rembourcer à nostre très cher et très amé cousin le sire d'Allebret (*sic*) la somme de cent mil escuz, par aucuns termes et années, pour le rescompancer en partie des grans frais et mises qu'il a faictes, tant du vivant de mon très redoubté seigneur et père le duc, dont Dieu en ait l'amme, que depuix, à cause des bons et louables services que par longtemps il a fait à mondit seigneur et père et aussi à nous, pour la deffence, tuicion et aide de nostre pays et duché, que aussi en consideracion desdiz services et de pluseurs pertes et dommaiges qu'il a euz à porter par cause desdiz services et deffense de nostredit duchié, et pour autres grans causes à ce nous mouvans; et pour ample et honnorable rescompance, *par l'aris et deliberacion de noz plus prouches et gens de nostre grant Conseil,* avons esté meue et conviée, pour le bien de nous et de nostredit duché, consentir et accorder à nostredit cousin le mariaige de nostre très chière et très amée seur Isabeau avec nostre chier et bien amé cousin Gabriel d'Albret, filz de nostredit cousin, moyennant et réservé le voulloir et consentement de très haultz, très excellans et très puissans princes les roys des Rommains, d'Espaigne, d'Angleterre ou de deux d'entre eulx, ainsi que plus à plain est contenu au seellé sur cecy escript et baillé. Et pour ce que nostredit cousin peut ou pourrait faire doubte que par faulte d'iceluy consentement non ensui ou par autre cas

(1) Reg. de la Chanc. de 1489-90, fol. 153 r°.

ou empeschement survenant, ledit mariaige ne se accompliroit ou
sortiroit son plain effect, en esperance duquel nostredit cousin a
accepté lesdiz 100,000 escuz, pour partie des rescompances desdiz
fraiz et mises, luy estre poiez en cinq années, ce qu'il n'eust fait se
ne feust pour considération dudit mariage, nous, desirans bien con-
tenter nostredit cousin, de nostre certaine science et propre mouvement, luy avons promis et promettons par ces présentes luy
payer, bailler, et délivrer réaument et de fait la somme de
100,000 escuz, au cas que lesdiz seigneurs roys ou les deux dedans
le terme contenu audit scellé ne bailleroint leur consentement touchant ledit mariaige, ou que iceluy ne se face, acomplisse ou sorte
son effect. Laquelle somme de 100,000 escuz, audit cas, poyerons
et baillerons à nostredit cousin en faczon qu'il en sera bien content et bien payé par et en quatre ans prouchains ensuivans, savoir, par chascun desdiz quatre ans 25,000 escuz; et icelle creue
luy avons promise en augmentacion et pour plus ample et grande
rescompanse desdiz fraiz, mises, pertes, dommaiges et interestz.
Et pour plus grant seurté et approbacion des choses susdictes,
quelles soubz obligacion de noz biens, et par les foy et serment de
nostre corps et en parolle de prince, promectons, jurons tenir,
faire et accomplir envers nostredit cousin et ses hoirs, auquel,
par avis et deliberacion de nozdiz proches parens et gens de
nostredit Conseil, avons baillé et octroyé nostre scel soubz nostre
signe et le scel de nostre chancelerie. Donné en nostre ville de
Rennes, le 11e jour d'Aougst, l'an 1490. Ainsi signé, ANNE. Par la
Duchesse, de son commandement, (signé) G. DE FORESTZ.

Scellé à Rennes, le 11 août 1490.

XLII. [1]

ÉRECTION DE LA VICOMTÉ DE LOYAUX, DONNÉE A GILLES DE CONDEST, SIEUR DE LA MORTERAYE.

1490, 11 août. — Anne etc. à touz etc. salut. Comme de bonne
raison touz princes soyent tenuz et naturellement doyvent estré

(1) Reg. de la Chanc. de 1489-90, fol. 107 r°.

inclins et encouraigez de augmenter, acroistre et constituer en biens, honneurs, preminances et avantaiges leurs bons et loiaulx serviteurs, en les recognoissans de leurs mérites, à ce que d'eulx et de leurs bontez loiautés et services soit perpetuel memoire, à l'exemple de touz autres et à l'onneur d'eulx, leur postérité et lignée, et principallement ceulx qu'ilz ont tenuz prochains de leurs personnes et qui de tout leur pouair, sans varier ne en riens se espargner, se sont exposés de corps et de biens à servir à l'entretenement de leurs principautez et souveraines seigneuries, à l'encontre de touz autres qui sur lesdiz princes l'ont témérairement voullu et presumé entreprendre. Et soit ainsi que depuis cinq ou six ans derrains, le roy de France ait entreprins la guerre à l'encontre de feu mon très redoubté seigneur et père le duc que Dieu absolle, et icelui ait invadé et assailly à port et puissance d'armes en son païs et duché, tendant le subjuger et mettre en exil et, pour mieulx y devoir parvenir, ait suborné et fait suborner et pratiquer les barons et autres grans personnaiges de cedit païs et duché pour les tirer à lui, et à mondit seigneur et père hoster la force et puissance que par le moien d'eulx il devoit avoir pour resister et deffendre sa personne et sondit païs,

Lesquelles choses voyant et congnoossant, nostre bien amé et féal chambellan, missire Gilles de Condest, chevalier, seigneur de la Morteraye, capitaine des archers de nostre garde, lequel, de tout son temps, depuis estre parvenu en eage de force et congnoissance, se soit totalement disposé et ordonné au service de mondit seigneur et père en délaissant touz autres services et affaires, affections et voluntez, et soi mis en armes et continuellement tenu ovecques et du parti de mondit seigneur et père et en son service, ouquel il s'est tousjours loiaument et vaillamment acquité, porté et conduit, et lui fait plusieurs bons et grans services; et, entre autres, ledit de Condest, estant en nostre ville de Dinan à distance de trante lieues de nostre ville de Nantes, aiant congnoossance que ledit roy avoit fait mettre le siege devant nostredicte ville de Nantes (1), où

(1) Le siège fut mis devant Nantes par les Français le 19 juin 1487, et levé le 6 août suivant.

lors mondit seigneur et père et nous estions, fist toute dilligence
de assembler et mettre sus en armes à cheval le nombre de deux
cens hommes de guerre, et avecques celui nombre de gens print
son chemin et s'avantura venir dudit lieu de Dynan, par les dangiers de l'armée dudit roy, en nostredicte ville de Nantes au secours
et service de mondit seigneur et père; par quoy il se conduisit et
trecta tellement qu'il entra en ladicte ville et y mist lesdiz gens de
guerre, qui bien y servirent mondit seigneur et père et nous durant
ledit siege.

Et après la levée d'icelui siége, alla et fut envoyé de par mondit
seigneur et père en nostre ville de Redon, avecques une compaignie de gens de guerre qu'il y mena et conduisit de sa personne, y
fut par long temps, à grans fraiz et mises, et y entretint lesdiz gens
de guerre en si bonne ordre et manière, que durant le temps qu'il
y fut aucun inconveniant n'y advint; et fust icelle ville gardée au
voulloir et intencion de mondit seigneur et père. Et depuis, fut
semblablement envoyé à la garde de la place de Chasteaubriend,
où il résida par le temps de quatre ou cinq moys, et luy y estant,
fut assiégée par lesdiz François, et soustint et porta le feix et
charge, tant luy que ses gens et autres estans à la garde d'icelle,
de quatre ou cinq assaulx qui par lesdiz François furent donnez à
ladicte place, où resistèrent tellement contre lesdiz Françoys que
d'assault ne peurent nullement entrer en icelle, ains lesdiz Franczoys y perdirent grant nombre de leurs gens; et par après, pour
ce que aucun secours ne fut donné à nostredit chambellan, luy
convint et aux autres estans avecques luy par composicion bailler
ladicte place (1) lesquelz Françoys à ladicte composicion le prindrent pour l'ung des hostaiges et le menèrent en la ville d'Angiers,
où il fut détenu par deux moys; et en ce eut et porta plusieurs
grandes pertes, mises et coustaiges. Et d'abundant, en continuant
son bon voulloir et afection au service de mondit seigneur et père,
se trouva en armes, à bon et grant trayn de gens et chevaulx, à la

(1) Châteaubriant fut pris par les Français le 23 avril 1488, après huit
jours d'un siége très-vif, qui avait commencé le 15 du même mois.

rencontre de Sainct-Aulbin (1), en la compaignie de l'ost et armée quy estoit assemblée pour la deffence de mondit seigneur et père et de son païs et duché, où il fut prins prisonnier, ses chevaulx, harnoys et abillemens, à l'estimacion et valeur de 2,000 escuz d'or et plus.

Et dempuix le deceix de mondit seigneur et père, s'est toujours tenu avec nous et en nostre service, à la deffense de nous et de nostredit païs, et en touz les affaires en quoy avons esté, tant en noz villes de Vennes que de Guerrande, *mesme à la Pasquelaye* (2), *où feusmes en double et crainte de dangier et surprinse de nostre personne par aucuns nos malveillans et desloiaulx serviteurs et subgetz, et aussi ès forsbourgs de nostre ville de Nantes lorsque l'entrée nous en fut refusée,* sans aucunement nous avoir delaissée ne habandonnée pour quelque affaire ne fortune qui nous soit peu survenir; et encores *en ceste notre ville de Rennes, où avons prins les insnes de nostre principaulté et souveraine seigneurie.* Et à ce que aucuns nos desloiaulx subgetz, tendans fouler, diminuer et abesser nous, nostre auctorité et seigneurie, avoint mis le siége devant nostre ville de Guerrande, où lors estoint nostre chancelier et pluseurs noz autres subgez et serviteurs, y alla ledit de Condest en armes, et avecques luy mená et conduysit bonne et grande compaignie de gens de guerre, et tellement en ce se conduisit et traicta, avecques noz autres bons et léaulx parens, serviteurs et gens de guerre qui y furent, que ledit siége fut levé à nostre honneur, profit et avantaige. Et pluseurs autres grans, bons et loiaulx services a faiz ledit de Condest à mondit seigneur et père et à

<hr>

(1) Le 28 juillet 1488.

(2) Trêve de Vigneu. — Vigneu est aujourd'hui une commune du département de la Loire-Inférieure, arrondissement de Savenai (aujourd'hui de Saint-Nazaire), canton de Saint-Étienne-de-Montluc. — Les événements que l'on rappelle ici doivent être du mois de février 1489; la retraite et le couronnement d'Anne de Bretagne à Rennes de la fin de ce même mois ou du commencement de mars. Quant au siége de Guérande, dont il est aussi question un peu plus bas, dom Lobineau le place au mois de juin 1489 (*Hist. de Bret.*, I, 800), et cette date paraît exacte.

nous, en grant soign, labour et curiosité, où il a en, porté et soustenu pluseurs paines, travailz et dangiers, et aussi de grandes mises et coustaiges, à la valleur de 10,000 livres, et encores de jour en autre est à nostre continuel service.

Savoir faisons que nous, lesdictes choses considérées, desquelles avons esté et suymes suffizaument imformez et acertenez, et le désir que avons de les recongnoestre et remercier icelui de Condest de sesdiz services ésquelz espérons qu'il y continura, et d'avantaiger en biens, honneurs, ainsi que tenuz suymes; considerans mesmes que sa richesse et puissance, par la bonté et léaulté de luy et des siens, peut ceder et redonder au bien et utillité de nous et de la chose publicque de nostre païs et duché,... avons, de nostre certaine science, propre mouvement, planiere puissance et liberalle volunté, donné, cedé et transporté, donnons, cedons et transportons par ces presentes audit de Condest, pour lui, ses hoirs, successeurs et cause aians, à jamais en perpetuel, les terres et seigneuries de *Sainct-Père en Rays*, de *Loyaulx*, *Saint-Lumyne*, *Couairon* et *le Pelerin* (1), à toutes et chascune leurs appartenances, appendances et deppendances quelzcomques... Et voullons qu'il en joulsse tout ainsi que nous mesmes faire le pourrions.

Et au parssus, à l'augmentacion, honneurs et preminance en seigneurie, ranc et avantaige dudit de Condest et de sesdiz héritiers et successeurs, tenans et qui tendront lesdictes terres et seigneu-

(1) La situation des quatre seigneuries de Sainct-Père en Retz, de Saint-Lumine (de Coulais), de Coiron et du Pellerin, est assez indiquée par ces noms eux-mêmes, encore aujourd'hui portés par quatre communes du département de la Loire-Inférieure que l'on trouvera sans peine sur la carte. Quant à *Loyaux*, c'était un fief microscopique, situé en la paroisse de Fresnai (aujourd'hui commune du canton de Bourgneuf, arrondissement de Paimbœuf, Loire-Inférieure), lequel avait eu, je ne sais pourquoi, l'honneur de donner son nom à une modeste châtellenie ducale formée de pièces isolées, répandues dans les paroisses de Sainte-Pazanne, Port-Saint-Père et Fresnai. — Aujourd'hui existe encore, au S.-S.-O. du bourg de Fresnai, une métairie de *Loyaux*. (Pinson, *Dict. des lieux habités du dép. de la Loire-Inférieure*, p. 253.)

ries de Saint-Père en Rays, Loyaulx, Saint-Lumyne, Couairon et le Pelerin, avons icelles terres et seigneuries et chascune, à leurs juridicions, hommes et féaulx, rentes, revenues et appartenances quelzcomques, unyes, adjoustées et annexées ensemble et l'une avecques l'autre, et par icelle unyon remis et rejecté, remectons et rejectons la division et distincion de fié, seigneurie et obéissance qui par cy davant en ont esté; et icelles ensemble avons, de noz auctorité, certaine science et planière puissance, érigées, créées et instituées, érigeons, créons et instituons par ces présentes en estat et seigneurie de *vicomté*, du nom et tiltre de LOIAULX, en supprimant et esteignant, supprimons et estaignons les autres noms et tiltres d'icelles seigneuries dessus declerées; voullans et voullons que de cy en avant et pour le temps à venir à jamais en perpetuel le tout entièrement d'icelles terres et seigneuries soyent vulgallement nommez et appelez *la vicomté de Loiaulx*, et icelui de Condest, sesdiz heritiers et successeurs, nommez et appelez, chascun en son temps, *vicomte* de ladicte vicomté de Loiaulx, en prohibant et deffendant, prohibons et deffendons à touz noz féaulx et subgez de non autrement le nommer ne appeler sur paine de noz grosses amandes......

Et d'abundant, de nosdictes auctorité et planière puissance, avons donné, concédé et octroyé, donnons, concédons et octroyons par cesdictes presentes audit de Condest, pour lui et ses heritiers, vicomtés de ladicte vicomté de Loiaulx et seigneurs de ladicte seigneurie de la Morteraye, qui sont situés en nostre conté de Nantes, previllège, prominance et prerogative de se dellivrer à congé de personne et de *menée*, pour eulx et leurs hommes proches d'icelles vicomté et seigneurie; aux généraulx plez de nostre court, barre et juridicion de Nantes, au ranc prochain après les autres *menées* qui à present se delivrent à nostredicte court de Nantes, par pareil droit et privillege, à en jouir et user en la forme et maniere que font et ont accoustumé de faire les autres qui y ont tel et semblable privillege.

Si donnons en mandement etc..... Donné en nostre ville de Rennes, le onziesme jour d'aoust, l'an mil CCCC quatre vingtz et dix. Ainsi signé, ANNE. Par la Duchesse, de son commandement et en son Conseil, ouquel le prince d'Orange, l'évesque de Rennes, le seigneur de Meigle, le sire de Coetmen, le vichancelier, le chantre de Nostre Dame de Nantes, les senneschaulx de Rennes, de Ploermel, de Vennes et de Lamballe, le provost des mareschaulx, le maistre d'ostel Loppe de Dicastillo, le capitaine Jacques Guibé, le seigneur de Tissué, le trésorier général, et autres estoint, (signé) G. DE FORESTZ, et scellé en laz de soye et cire vert.

Scellé devant monseigneur le vichancelier, le ..... jour de septembre 1490.

XLIII. [1]

POUVOIR AUX AMBASSADEURS ENVOYÉS POUR ACCEPTER LE TRAITÉ D'ULM, COMPLÉMENTAIRE DE CELUI DE FRANCFORT. [2]

1490, 11 août. — Anne etc. à touz etc. salut. Comme paravant ces heures nous ayons par pluseurs foiz envoié de noz gens devers monseigneur le roy pour l'enterinence et entretenement du traicté de paix fait, accordé et conclut à Francfort entre mondit seigneur le roy et très-hault, très puissant et très excellant prince mon très honnoré seigneur et cousin le roy des Romains, ouquel estions comprinse, et l'avons accepté en ce que nous touche et icelui traicté entretenu et tousjours fait tenir et garder estat à nostré pouair; et soit ainsi que puix naguères soient venuz devers nous les orateurs de nostre Saint-Père le Pape, de la sacrée Majesté Imperialle, aussi les ambassadeurs de mondit cousin le roy des Romains, lesqueulx orateurs nous ont exhortez de l'entretenement dudit traicté de paix, et lesdiz ambassadeurs de mondit seigneur et cousin le roy des Romains dit et décleré que, puix ledit traicté de paix de Francfort, a esté entre mondit seigneur le Roy et mondit seigneur et cousin le roy des Romains, leur maistre, fait, accordé et conclut à Oulme certains points et articles sur icelui

(1) Reg. de la Chanc. de 1489-90, fol. 144 v°.

(2) Cf. les lettres de la duchesse portant acceptation dudit traité en date du 18 octobre 1490, dans D. Morice, *Preuves*, III, 675-677.

traicté ouquel suymes comprinses, nous priant et requérant icelui traicté de Oulme, comme sa bonne cousine et allyée, avoir agréable et accepter en ce que nous touche : Savoir faisons que nous, considerans la bonne amytié et alliance qui tousjours a esté et est entre mondit seigneur et cousin le roy des Romains et nous, et que son intencion a esté, en ce que nous touche, ledit traicté de paix de Oulme estre pour le bien de nous et de nostre païs, voullans ensuir son voulloir et intencion et en ce lui complaire, desirans tousjours de nostre cueur obvier à l'efusion du sang humain et aux grans maux et inconvenians qui au moien de la guerre pourroint ensuir ;... nous, à plains conflans et bien acertainez des sens, honneurs et bonne conduicte de noz très chers et très amez cousins le prince d'Orange, le sire de Rieux nostre mareschal, le sire de Guémené, le seigneur de Coesquen nostre chambellan et maistre d'ostel, maistre Olivier de Coetlogon, Jullien Tierry et maistre Yves Brullon, noz conseilliers, iceulx avons commis, deputez et ordonnez, et par ces presentes depputons, commectons et ordonnons noz ambassadeurs, procureurs et messaigers especiaulx pour aller et se transporter devers mondit seigneur le roy, ausquelz ou quatre d'eulx, dont mondit cousin le prince sera l'un, avons donné et par cesdictes presentes donnons plain pouoir, auctorité et mandement espicial de communiquer, besongner, accorder et conclure avec mondit seigneur le roy ou ceulx qu'il lui plaira ordonner et deputer, sur l'entérinance et l'entretenement desdiz traictés de paix faits à Francfort et à Oulme. Donné en nostre ville de Rennes, le 11° jour d'aoust 1490. Ainsi signé, ANNE. Par la duchesse, de son commandement, (signé) G. DE FOUESTZ.

Et fut scellé ledit mandement le 12° jour de ce moys d'aoust (1490).

XLIV. [1]

SAUVEGARDE POUR LES ÉGLISES ET MAISONS RELIGIEUSES
DE BRETAGNE.

1490, 11 août. — Anne etc. à touz etc. salut. De la part de pluseurs noz prelatz et gens d'eglise de cestuy nostre pays et duché nous a esté en supliant remonstré combien que, par la disposicion des droiz divin, canon et civil, les eglises, prelaz, dignitez et ministres d'icelles, avec leurs maisons et habitacions, et principallement les episcopalles et d'autres dignitez, chanoines, sacristes, chappellains et serviteurs des eglises cathedralles et collegialles, soient et doient estre en liberté et franchise, et que par avant ces heures ne ait acoustumé en icelles loger personnes quelcomques, fors s'il y avoit assemblée d'Estaz ou venue de grans ambasades, ouquel cas on y logeait gens de conseil, d'eglise, ou autres sortables à leur vocacion, et en ce qu'estoit en oultre du logeix du seigneur et de ses gens et serviteurs : ce néantmoins, puix ces guerres cy commancées, a esté, par nostre mareschal des logeix et noz fourriers autrement, mis et logez en celles maisons gens de guerre et autres qui y ont fait de grans maulx et dommaiges, pour tant qu'ilz ont dilaceré et brullé en pluseurs desdictes maisons huys, fenestres, chevrons, bancs, establiz et autres utencilles, mis leurs chevaulx ès caves et celiers, y assemblé et lessé les fyens et y tenu jeuz de paulme et harzaderie : à l'ocasion desqueulx pluseurs desdiz gens d'eglise ont delessé leursdictes maisons, lesquelles sont à present ruyneuses et degastées, et à ceste cause en pluseurs lieux cessé le divin service, ce qui cède en ung très-grant prejudice et dommaige esdiz gens d'eglise, et diminucion du revenu de leurs bénéfices et en grant scandalle de toute la profession; nous supliant qu'il nous plaise sur ce leur pourvoir de remède convenable, très humblement le nous requerant.

(1) Reg. de la Chanc. de 1489-90, fol. 152 r°.

Pour quoy nous, lesdictes choses considerées, voullans comme vroye fille de sainte Eglise, entretenir lesdiz suplians en leurs droiz, libertez et franchises, à ce que le divin service ne cesse, ains soit de bien en mieulx continué; pour celles et autres causes et consideracions à ce nous mouvans, et par l'advis et deliberacion de nostre Conseil, avons prohibé et deffandu, prohibons et deffandons par ces présentes à noz mareschaulx des logeix, fourriers, et à touz autres presens et à venir, de non dorenavant mercher lesdictes maisons et habitacions desdiz gens d'eglise et principallement les espicopalles et d'autres dignitez, chanoines, chappellains et serviteurs desdictes eglises cathedralles, collegialles et presbiteralles, ne en icelles mectre ne loger gens de guerre ne autres en quelque maniere que ce soit, sauff ou cas qu'il y auroit en iceulx lieux assemblées de nozdiz Estaz ou venues d'ambaxadeurs ou aultres presses, esquieulx et non aultrement voulons et entendons que en icelles maisons on pourra mectre et loger gens de conseil, d'eglise ou aultres sortables à la vocacion desdictes gens d'eglise et non aultres, comme dit est, sans toutes foiz desloger iceulx gens d'eglise leur trayn et famille, que anczois leur sera lessé logeix susfizant.

Si mandons et commandons à noz mareschal des logeix et fourriers qui à present sont et pour le temps à venir seront, et à touz aultres à qui de ce appartendra, à ceste nostre presente ordonnance prohibicion et deffense garder et faire garder estat sans enfreindre sur tant qu'ilz doubtent nous desplaire. Et si aucuns s'avanczoit à faire au contraire, soint noz mareschaulx des logeix, fourriers ou aultres, nous en ferons faire pugnition telle qu'il cedera en exemple à touz aultres. Et d'abundant, mandons et commandons à nosdiz mareschaulx des logeix et fourriers desloger lesdiz gens de guerre qui sont esdictes maisons et habitacions desdiz gens d'eglise, et les mectre et loger ailleurs, à ce que icelles maisons soient reparées et que iceulx gens d'eglise puissent en icelles demeurer et habiter. Donné en nostre ville de Rennes, le 11e jour d'aougst, l'an 1490. Ainsi signé, ANNE. Par la duchesse de son commandement, (signé) G. DE FOUESTZ.

Et scellé le 12e jour de ce moys d'aougst (1490).

XLV.

RÉVOLTE DES PAYSANS DE CORNOUAILLE. [1]

1490, 18 août. — Mandement de justice pour Diago de Souace touchant certaines pilleries et excoix lui faiz par les [gens] de commune de Cornouaille. Daté du 18e jour de ce mois d'aougst. (Signé) MACZAULT.

— Autre mandement de justice pour les gens d'eglise, bourgeois, manans et habitans de Quempercorentin, touchant certains autres

[1] Cette révolte n'était point dirigée contre la duchesse et n'avait rien de politique ; c'était plutôt une sorte de Jacquerie, dont aucun texte historique connu jusqu'ici ne détermine clairement la cause ni l'objet. D'après un chant populaire publié par M. de la Villemarqué et intitulé *Paotred Plouïeo*, c.-à-d. les Gars de Plouïé (*Barzaz-Breiz*, 3e édit., t. II, p. 49 et 55), elle aurait eu pour motif premier une tentative de congément, sur une grande échelle, exercé par des propriétaires habitant Quimper contre leurs colons à convenant ou à domaine. Il paraît certain que le mouvement partit du pays de Poher, nommément de la paroisse de Plouïé, voisine du Huelgoët ; mais il s'étendit promptement dans la basse Cornouaille puisque, d'après l'extrait du troisième mandement ci-dessous rapporté (en date du 27 nov. 1490), les paroisses de Saint-Nic, Plomodiern, Plounevez-Porzay, qui bordent la baie de Douarnenez, et seize autres paroisses des environs prirent part à cette insurrection. La prise et le pillage de Quimper par les paysans eut lieu, selon les mémoires du chanoine Moreau, le 30 juillet 1489 ou 1430, comme a imprimé son éditeur, mais lisez, sans hésiter, 1489 ou 1490. Aujourd'hui d'ailleurs tout doute est levé, non-seulement par les textes que nous imprimons ici, mais encore par les extraits des comptes des miseurs de Quimper publiés d'abord par M. A. de Blois dans la *Biographie bretonne*, t. II, p. 624, puis par M. Le Bastard de Mesmeur dans sa 2e édition de l'*Histoire de la ligue en Cornouaille* du chanoine Moreau (note 1re de l'Appendice). Il faut voir ces deux passages, le récit de Moreau lui même dans le premier chapitre de son ouvrage (p. 10 de la 2e édition), le chant publié par M. de la Villemarqué ; on y trouvera de curieux détails que je ne puis même songer à rapporter ici, — content d'y avoir seulement ajouté

excoix et pilleries leur faictes par lesdiz gens de commune en l'e-vesché de Cornouaille. Daté du 18e jour d'aoust.

Scellés devant les sénéchaux de Lamballe et de Cornouaille, le 22 août 1490 (1).

1490, 27 novembre. — Mandement de justice pour Denys Rolland, marchant, demourant à Kempercorentin, s'adressant au premier sergent général, de ajourner devant la duchesse et son Conseil deux personnes des paroisses de Ploemodiern, Scinnic (*sic*, auj. Saint-Nic), Plonevez, et autres paroisses d'environ *jucques au nombre de saize paroisses ou environ,* lesqueulx se insurgèrent et assemblèrent à grant numbre de commune, en fait d'armes, et entrèrent en ladicte ville de Kempercorentin, en la maison du dict exposant, prindrent et emportèrent ce qu'ils trouvèrent de biens, le serchèrent et lui donnèrent pluseurs menaces et lui firent pluseurs grans excoix et violances, [pour en] respondre audit exposant. Daté le 27e jour de novembre.

Sc. à Rennes, le 1er *décembre* 1490 (2).

1401, 5 février. — Mandement par lequel le roy et la royne (3), sur la requeste des parens et amis de Alain Gourneuff, pardonnent et abolissent audit Gourneuff le cas en quoy il peut estre encouru

quelques textes propres à éclaircir cet épisode encore obscur de notre histoire. Mais dès aujourd'hui l'on doit conclure que la mention de Rosmadec comme évêque de Quimper à l'époque de cette jacquerie, mention qui ne se trouve que dans le chant breton du *Barzaz-Breiz,* est incontestablement le résultat de quelque méprise, soit des chanteurs populaires soit de l'éditeur, car en 1490 l'évêque de Quimper s'appelait *Alain Le Moult* (d'autres écrivent *Le Maout*), qui tint ce siège du 7 mars 1482 au 2 novembre 1493 ; et au contraire Bertrand de Rosmadec, évêque de Quimper de 1416 à 1443, mort en 1445 ou 1446, ne peut avoir absolument rien de commun avec l'insurrection de 1490.

(1) Reg. de la Chanc. de 1489-90, f. 102 r°.

(2) Reg. de la Chanc. de 1490-91, f. 70 v°.

(3) C'est-à-dire, Maximilien et Anne, roi et reine des Romains, duc et duchesse de Bretagne. Voir, sur cette formule, la note 2 de notre n° LXVIII ci-dessous.

envers eulx, pour avoir esté avecques la commune qui s'estoit insurgée en Basse-Bretaigne et se estre levé avecques.

So. à Vennes, le 5 février 1491 (1).

XLVI. (2)

COMPTE DES OBSÈQUES D'ISABEAU DE BRETAGNE.

1490, 24 août. — Audit messire Pierre Le Picart, pour l'offerte, le jour de l'obsèque, 50 soulz.

A lui, qu'il a baillé à ung chappellain qui a confessé et mys en unction nostreditte seur, 60 s.

Pour la façzon de la grant carrée, non comprins le boays qui est du prieuré de Vaux, sellon la quictance dudit missire Geffroy et à sa main, 15 livres 12 s. 4 d.

A lui, qu'il a baillé à Raoullet Busnel, pour sa paine d'avoir sarché des charpenticrs pour faire ladicte grant carrée, 20 s.

A lui, pour quatre Cordeliers, quatre Carmes et quatre Jacobins, qui ont accompaigné le corps de nostredicte seur, jour et nuyt, 60 s.

A quatre chappellains de Saint-Pierre (3), qui ont porté les chappes et servy de diacre et de soubz-diacre le jour de l'obsèque, ès mains et par la quictance dudit missire Geffroy, 20 s.

A lui, pour autres messes qu'il a fait dire, 10 l.

A lui, pour 20 aulnes de ruban noir pour garnir le my-satin qui est autour du cueur de ladicte église de Saint-Pierre, 20 s.

A Guillaume Berart, pour pluseurs menues mises qu'il a faictes,

---

(1) Reg. de la Chanc. de 1490-91, f. 114 v°.

(2) Fragment, provenant des titres de la Chambre des Comptes de Nantes, trouvé dans une vieille reliure.

(3) Il s'agit de Saint-Pierre de Rennes, car dom Lobineau dit : « Isa- « belle de Bretagne mourut à Rennes le 24 du même mois (août 1490) et « fut enterrée dans le chœur de l'église cathédrale. » *Hist. de Bret.*, t. Ier, p. 800.

comme achact de clou, ficelle que crochetz, à tendre les bou-
grains, 60 s.

A Ollivier Boucher, tailleur, pour les faczons d'une petite robe
de velours viôlé d'un habbit royal, dont nostredicte seur fut ves-
tue; la faczon d'une couverte de velours noir et une croix de
damas blanc qui fut mise sur la tumbe; une autre couverte de drap
noir à couvrir la lictière; la faczon de deux paremens d'autier de
velours noir; la faczon de deux carreaulx de drap d'or, de quatre
carreaulx de sarge; la faczon de deux manteaulx et deux chapperons de béguin; item, la faczon de 6 robbes et chapperons; pour
56 autres robbes, savoir, 50 pour ceulx qui portèrent les torches
et 6 à ceulx qui portèrent les enscnciers : le tout montant ensemble
59 l. 10 s.

A maistre André Lefranc, médecin, pour avoir aidé à pancer
nostredicte seur durant sa maladie, 7 l. 10 s.

A Pierre Fontenay, clerc de nostre garderobbier, pour restitu-
cion de paraille somme qu'il a baillée, savoir, pour 2 aulnes de
satin noir à 4 l. l'aune, vallent 8 l.; pour 5 aulnes de sargecte
noire d'Arras, 50 s.; item, pour 6 bestes d'ermynes, 55 s.; et pour
avoir fourré l'abbyt royal : somme, 13 l. 5 s.

Audit messire Pierre le Picart, pour payer 40 messes à note,
que ont dit chascun jour les chapplitre et collège de Rennes pour
l'âme de nostredicte seur, 100 l.

A Jehan de Rosnarho, pour le poiement d'un grant cheval en
poil boyart des parties d'Espaigne, que avons fait prendre de lui et
donné à Pierre du Boschet, 100 escuz d'or, sellon la relacion de
Aliain de Couetgoureden : somme, 145 l. 16 s. 8 d. (1).

(Orig. parch.)

(1) Il suit de là que l'écu d'or de ce compte vaut 29 s. 2 d.

XLVII. [1]

SAUF-CONDUIT POUR LES FRANÇAIS ENVOYÉS COMME OTAGES EN ·BRETAGNE PENDANT L'AMBASSADE DU MARÉCHAL DE RIEUX VERS LE ROI DE FRANCE.

1490, août. — Anne etc. à touz noz lieutenant, mareschal, admiral, visadmiral, senneschaulx, bailliffz, provostz, capitaines, cheffs et conducteurs de gens d'armes, tant de noz ordonnances, ban, rière-ban, que de nostre artillerie, archers, arbalestriers et autres gens de guerre estans en nostre service, capitaines, aussi connestables de bonnes villes, citez, chasteaulx, forteresses, gardes de ponts, ports, passages, péages, juridicions, travers, lieux et destroiz, et à touz autres noz justiciers, officiers, féaulx et subgectz, ausquelz ces presentes seront monstrées, salut et dilection. Comme, pour aucunes noz exprès affaires, concernans le bien de nous et de la chose publicque de nostre pays, ayons avisé envoier en ambassade devers monseigneur le roy nostre très cher et très amé cousin et féal le sire de Rieux, nostre lieutenant général et mareschal de Bretaigne, et à ceste cause, pour plus grant seurté de la personne de nostredit cousin, pour le temps qu'il sera oudit véaige en allant, sejournant ou retournant, ait pleu à mondit seigneur le roy accorder, bailler et envoyer en cestuy nostre pays et duché, pour hostaiges, noz très chers et très amez cousins..... (les noms en blanc au registre), Savoir faisons que nous, desirans sur toutes choses ledit véaige estre fait par nostredit cousin pour le bien de nous, noz païs et subgictz, avons à nosdiz cousins... (en blanc comme dessus) donné et octroyé, donnons et octroions par ces presentes, — combien qu'il n'en soit jà besoign, attendu le bon traicté de paix qui est entre mondit seigneur le roy et nous, noz païs et subgectz, — congié, bonne et loialle seurté de venir en cestuy nostre païs et duché pour hostaige de nostre-

(1) Reg. de la Chanc. de 1489-90, fol. 137 r°.

dit cousin le mareschal, accompaignez chascun de quatre vingtz
personnes et autant de chevaulx ou audessoubz, y séjourner,
résider et demourer par autant de temps que nostredit cousin le
mareschal sera oudit véaige en son franc et liberal arbitre, et
eulx s'en retourner séurement et sauvement tout primier nostredit
cousin le mareschal arrivé de sondit véaige, et à ceste fin, eulx
passer et rapasser de jour ou de nuyt, par eau ou par terre, à pié
ou à cheval ou sur autre monture, avec leur or ou argent monnoyé
et à monnoyer, vexelle, joiaulx, bouëtes, malles, bahuz, fardeaux
et autres choses queulxcomques à eulx necessaires, portans ou non
dagues, espées, pour la seurté de leurs personnes. Si vous mandons etc... Donné en nostre ville de Rennes, le... (*en blanc*) jour
d'aoust, l'an 1490. Ainsi signé, ANNE. Par la duchesse, de son
commandement, (*signé*) G. DE FORESTZ.

Et scellé du seau de la Chancelerie.

XLVIII. [1]

SAUF-CONDUIT POUR LES AMBASSADEURS DU ROI DE FRANCE VERS LA
DUCHESSE, A LEUR RETOUR DE BRETAGNE EN FRANCE.

1490, 15 septembre. — Anne etc. à noz lieuxtenans generaulx,
admiral, visadmiral, capitaines de gens d'armes et de trâict, et à
touz aultres noz feaulz et subgez à qui de ce apartendra, salut.
Comme puis naguères, pour le bien de paix, nous ayons envoyé
devers monseigneur le roy nostre cousin le prince d'Orange et
autres noz ambassadeurs, et en leur compagnie sont venuz en ambassade devers nous, de par mondit seigneur le roy, noz chiers et
bien amez Jehan Franczoys de Cardonne, son maistre d'ostel, et
maistre Estienne Petit, son secretaire, lesquelz avons presentement
expediez sur leurdicte charge, et nous ont dit et remonstré n'avoir
de nous seurté ne saufconduit d'estre venuz par decza, parquoy
ilz doubtent que en s'en retournant ilz pourroint avoir quelque

(1) Rég. de la Chanc. de 1489-90, fol. 174 r°.

ennuy, destourbier ou empeschement : Savoir faisons que nous avons donné et donnons par ces presentes bonne et loiale seur ; et sauffconduit ausdiz Jehan Franczoys de Cardonne et maistre Estienne Petit et à leurs gens jucques au nombre de vingt cinq personnes et autant de chevaulx ou audesoubz, pour s'en retourner devers mondit seigneur le roy, leur maistre, pour le temps de huit jours commanczans au date de ces presentes, et après non vallables, seurement et sauvement. Si vous mandons et commandons et à chascun de vous si comme à luy apartendra du non meffaire ne souffrir estre meffait, mis ou donné ausdiz Jehan Franczoys de Cardonne et maistre Estienne Petit ne à leursdiz gens, bagues ne chevaulx, durant ledit temps, aucun mal, enuy, destourbier ne empeschement en aucune manière, pourveu que pendant ledit temps ilz ne feront ne pourchasseront aucune chose prejudiciable à nous, noz parens, amys, alliez et subgez. Donné en nostre ville de Rennes, le 15° jour de septembre, l'an 1490. Ainsi signé, ANNE. Par la Duchesse, de son commandement, (signé) J. DE LALEU.

Scellé à Rennes, le 15 septembre 1490.

XLIX.

SAUVEGARDES ACCORDÉES A DIVERSES PAROISSES, DE SEPTEMBRE A DÉCEMBRE 1490.

15 septembre. — Mandement de deffense aux garnisons pour les parroessiens d'*Irodouër* et *la Bauzaine* (la Baussaine), de non les piller ne prendre aucunes choses sans les poier raisonnablement.
Sc. à Rennes, le 15 septembre 1490 (1).

14 octobre. — Mandement de deffense aux gens de guerre estans à la Motte d'Acigné et à Châteaugiron, de non contraindre les parroessiens d'*Acigné*, *Noeal sur Vistaigne* (2), *Brecé*, *Servon*, et

(1) Reg. de la Chanc. de 1489-90, fol. 174 v°.
(2) Noyal-sur-Vilaine.

Bron (1), à la besche ne à leur porter ne bailler vivres ou utencilles sans les poyer raisonnablement. Daté du 14ᵉ jour d'octobre, (signé) G. Salmon.

Sc. devant le chancelier, le 14 octobre 1490 (2).

18 novembre. — Deffense aux gens de la garnison de Marcillé de non contraindre à venir faire le guet à ladicte place les parroissiens de la parroisse de *Retiers*, et de non prendre d'eux aucuns vivres sans les poier. Daté du 18ᵉ jour de novembre, (signé) L. Mauzault.

Sc. devant le chancelier, le 18 novembre 1490 (3).

12 décembre. — Sauvegarde générale pour les manans et habitans de la *ville et Mynihy de Sainct-Pol de Léon* (4). Dabté le 12ᵉ jour de décembre, (signé) G. Salmon.

Sc. à Rennes, le 12 décembre 1490 (5).

15 décembre. — Prohibicion et deffense aux gens de guerre et chascun, de non au temps à venir contraindre ne compeller les parroissiens de la parroisse de *Caro* à leur porter ou bailler nulz ne aucuns vivres sans les poier raisonnablement avant les porter. Daté le 15ᵉ jour de décembre, (signé) R. Le Blanc.

Sc. à Rennes, le 24 décembre 1490 (6).

(1) Broon-sur-Vilaine, évéché de Rennes.

(2) Reg. de la Chanc. de 1490-91, fol. 11 rᵒ.

(3) *Ibid.*, fol. 40 rᵒ.

(4) Le territoire du Minihi Saint-Pol répondait à celui des communes actuelles de St-Pol de Léon et de Roscoff; il était divisé en sept paroisses, savoir, 1ᵒ le Crucifix devant le Chœur ou Crucifix des Champs; 2ᵒ le Crucifix devant le Trésor; 3ᵒ Notre-Dame de Cahel; 4ᵒ St-Jean-Baptiste; 5ᵒ Saint-Pierre; 6ᵒ Toussaints; 7ᵒ Trégondern : les quatre premières desservies en la cathédrale même de St-Pol, les trois dernières dans des églises rurales. Le bourg et hâvre de Penpoul, qui est le port de St-Pol, était en la paroisse de Trégondern, le bourg de Santec en St-Pierre, et Roscoff en Toussaints.

(5) Reg. de la Chanc. de 1490-91, fol. 87 rᵒ.

(6) *Ibid.*, fol. 87 vᵒ.

L. [1]

MANDEMENT DU CONVOI DE LA MER.

1490, 22 septembre. — Anno etc. à touz etc. salut. Comme très-expédient et très-nécessaire nous soit pourvoir à la garde, protection et deffence de noz subgectz et les préserver des grans dangiers, domaiges et inconvénians qui leur pourroint entrevenir par les hostilitez des guerres qui par cy devant ont esté et encore à présent sont, considerans que en ceste saeson prochenne de vendanges il est vroysemblable que pluseurs gens de guerre, pirates et escumeurs de mer se tiendront en floto et armée sur mer pour aguetter, prendre et rançonner, se faire le peuent, les marchans, marchandies, biens et vesseaulx des marchans et autres gens de nostredit païs allans marchandaument par la mer, ce que pouroit estre et redunder à grand foulle, domaige et prejudice de nous et de toute la chose publicque de nostredit pays, si par nous n'y estoit provision donnée : Savoir faisons que nous, ce considéré, mesmes que de la part de pluseurs marchans de nostre pays et duché frequentans la mer nous a esté de ce fait remonstrance et très-humblement suplié et requis y pourvoir, pour lesdictes causes et autres à ce nous mouvans, avons, par advis et délibération de nostre grant Conseil, ordonné et ordonnons estre mys sus à la mer, pour ceste presente année et saeson, ung convoy de navires de gens de guerre bon et compectant, en troys flotes et armées qui puissent resister aux dangiers de la mer et tenir en seurté nosdiz subgectz, leurs navires, biens et marchandies, ainsi que cy après sera decleré.

C'est à savoir que pour la première d'icelles troys flotes y aura et seront mys sus mil combatans en bons navires bien esquipez, lesqueulx navires et combatans seront veuz et monstrez de par nous davant les commissaires que pour icelle monstre commet-

(1) Reg. de la Chanc. de 1490-91, fol. 4 r°.

trons; et tiendront lesdiz navires et combatans la mer depuix le
premier jour d'octobre prouchain jusques au premier jour de
décembre ensuivant, qui sont deux moys entiers, ès lieux et en-
droitz qu'il est de coustume. Pour la seconde flote seront semble-
ment mys sus seix cens combatans, lesqueulx seront veuz et monstrez ainsi que dessus, et pareillement tiendront la mer depuix le
premier de febvrier prouchain jusques au premier jour d'avril
ensuivant. Et pour la tierce et derrenière flote d'iceluy convoy y
aura et seront mys sus, et par monstre comme davant est dit,
quatre cens combatans qui tiendront la mer, comme dit est, de-
depuix le premier jour d'avril jusques au quinziesme jour de may
prouchain ensuivant.

Pour lesqueulx convoy, flotes et armées meetre sus conduire et
entretenir en la forme et manière que dit est, nous soit requis et
expédiant commettre ung bon et grant personnaige de bonne pru-
dence, vaillance et conduicte; et pour ce nous, à plain confians
ès sens, vaillance, loyauté, bonne conduicte et dilligence de nostre
chier et bien amé cousin et féal le sire de Raonnefort (1), nostre
amiral, iceluy, pour lesdictes causes et autres à ce nous mouvans,
mesmes par advis et deliberation de nostredit Conseil, avons
commis et député et ordonné, commettons, députons et ordonnons
par ces présentes, quant affin de mettre sus, conduire et entretenir ledit convoy, ainsi que dit est.

Et pour l'entretenement, soulday, mise et conduicte de cedit
convoy avons ordonné et ordonnons par ces dictes présentes estre
prins, levé et receu pour devoir de convoy le vingtiesme des vins
venans et qui seront amenez des parties de la Rochelle, Bordeaux,
Bayonne et d'aultres partie en la manière acoustumée, passans
oultre le havre de Morbihan, descondans, et qui seront amenez et
descenduz ès portz et havres de nostre pays et duché. Et des vins
venans par la rivière de Loire à Morbihan et ès autres havres
d'entre Laire à Morbihan, aussi de ceulx qui passeront et seront
menez pour descendre hors nostredit pays et duché, sera prins et

(1) Louis de Rohan, sire de Rainefort.

levé pour ledit devoir de convoy le quarantiesme seullement, en
la forme et manière accoustumée. Si donnons en mandement à noz
lieutenans, mareschal, capitaines, senneschaulx, allouez, bailliffs,
provostz, leurs lieutenans et à chacun en son endroit, à cestes noz
presentes faire tenir et garder estat, et à touz noz féaulx et subgeetz, et autres marchaus et maréans estre en ce obéissans et dilligeaument entendans. Car tel est nostre plaisir. Et voullons que
au vidimus de cestes noz présentes, retenuz soubz la merche des
actes de nostre Conseil ou le seau de l'une de noz courtz soit planière foy ajoustée comme à ce present original. Donné en nostre
ville de Rennes, le 22e jour de septembre l'an 1490. Ainsi signé,
ANNE.

Scellé devant le chancelier, le 8 octobre 1490.

LI. (1)

COMMISSAIRES NOMMÉS POUR TENIR LA MONTRE DU CONVOI.

1490, 22 septembre. — Anne, etc. à nostre bien amé et féal
chambellan le seigneur de Keiynmerch, nostre cappitaine de Kaem-
percorentin, et à noz bien amez et feaulx conseillers maistre Jehan
du Bouyer, nostre senneschal de Cornouaille, maistre Jehan du
Bouyer le jeune, nostre alloué de Henbont, et Pierre Rouxellin
nostre procureur d'Auray, salut. Comme de present avons ordonné
estre mis sus à la mer ung convoy de navires de gens de guerre
bon et compectant, en troys flotes et armées, pour résister aux
dangiers de la mer et tenir en seurté noz subgeetz, leurs navires,
biens et marchandies, duquel convoy aions baillé la charge et
conduicte à nostre chier et bien amé cousin et féal le seigneur de
Raisnefort, nostre amiral, ainsi que plus à plain est declaré en noz
lectres patentes sur ce baillées et expédiés ; lesqueulz navires et
gens de guerre nous soit requis et expédient faire voir par
monstre affin d'ordonner de leur poiement et soulde et aussi de

la seurté d'iceluy convoy, selon l'ordonnance par nous en faicte,
et pour ce commectre et deputer bons personnaiges, à nous seurs
et féables, en ce congnoessans : Savoir faisons que nous, ce considerans, à plain confians en voz sens, loyaulté, experience et bonne
dilligence, vous avons commis et deputez, commettons et deputons
par ces presentes, ou deux de vous, quant affin de recevoir et faire
ladicte monstre desdiz navires et gens de guerre par chascune desdictes troys flotes; voulans et voulons le poiement de la soulde
d'iceulx navires et gens de guerre estre fait par nostre trésorier
général, auquel avons donné charge de faire la recepte et mise
des deniers ordonnez pour ledit convoy sellon et au desir de la
relacion que vous ou deux de vous en ferez, et non autrement.
Si donnons en mandement à nostredit amiral, ses lieutenans et
commis, et à chascun en son endroit, en ce vous estre obéissans,
et davant vous faire ladicte monstre, au desir de nozdictes commissions et charges par nous vous en baillées. Car tel est nostre plaisir. Donné en nostre ville de Rennes, le 22e jour de septembre, l'an
1490. Ainsi signé, ANNE.

Scellé devant le chancelier, le 8 octobre 1490.

LII. [1]

LE ROI DE LA FÈVE.

1490, 25 septembre. — Anne etc. à nostre bien amé et féal conseiller Gilles Thomas, tresorier de nostre espargne, salut. Comme
feu mon très redoubté seigneur et père le duc que Dieu absolle, à
une certaine feste de Troys Roys puix quatre ans ença, eust donné
sa coupe d'or à son couvercle à un nommé La Lande, l'un des gentilzhommes de la maison de mon cousin le duc d'Orléans, qui à
icelle feste estoit *roy de la febve*, quelle couppe d'or à sondit couvercle nostre amé et féal Guillaume Marbré, escuier, somelier de la
bousche de mondit feu seigneur et père, avoit en garde pour le ser-

(1) Reg. de la Chanc. de 1490-91, fol. 115 r°.

vice de sondit office. Aussi, soit ainsi que, bientost après le deceix
de mondit feu seigneur et père, ledit de Marbré bailla par l'exprès
commandement et ordonnance de nostre cher bien amé et féal
conseiller et chambellan, Phelipes de Montauban, chevalier, seigneur de Sens, nostre chanceller, une esguière d'or qui fut vendue
à ung marchant d'Angiers, et les deniers employez en partie d'aucunes mises et despences qui furent faictes à l'enterrement de feu
mondit seigneur, comprins cent livres des deniers d'icelle esguière
à parfournir le poyement qui pour lors fut ordonné aux gens de
mes cousins le duc d'Orléans, d'Albret et de Dunoys : lesquelles
couppe d'or ô sondit couvercle et esguière pesoint ensemble
8 marcs 5 gros d'or. Et par ainsi soit très requis et besoing audit
de Marbré avoir de ce de nous garant et descharge valable, tant
pour le garant de son honneur que de son bien, ce qu'il nous a
présentement très humblement suplié et requis. Savoir faisons que
nous, ce considéré et que suymes suffizanment informez et acertennez desdictes choses; voullans, comme raison est, en descharger
et garantir ledit de Marbré, et pour autres causes à ce nous mouvans, vous mandons, chargeons et enjoignons tenir et laisser quiete
ledit de Marbré desdictes couppe et esguière et couvercle sans sur
ce lui en faire aucune demande... Car il nous plaist. Donné en
nostre ville de Rennes, le 25e jour de septembre l'an 1490. Ainsi
signé, ANNE. Par la duchesse de son commandement, (signé) G. DE
FORESTZ.

Scellé à Vannes, le 5 février 1491.

LIII. (1)

ORDRE A L'AMIRAL DE METTRE SUR PIED LE CONVOI.

1490, 27 septembre. — Anne etc, à nostre cher et bien amé
cousin et féal le seigneur de Rainefort, nostre admiral, salut.
Comme de presant, pour la garde, protection et deffense de noz

(1) Reg. de la Chanc. de 1489-90, fol. 185 v°.

subgez et les preservor des danglers, dommaiges et inconveniens
qui leur pourroint entrevenir et estre faiz sur la mer par noz
ennemiz et aversaires, aussi des pirates et escumeurs de mer,
aions deliberé et ordonné estre mis sus en la mer ung convoy de
navires et gens de guerre et deffense qui tendront la mer depuis
le premier du moys d'octobre prouchain jusques au xv⁰ jour de
may prouchain ensuyvant, en la fourme et manière plus à plain
declairée par nosdictes lectres; et pour la soulde et entretenement
d'iceluy aions semblablement deliberé estre levé pour devoir de
convay le vingtiesme des vins qui seront descenduz en nostre païs
delà le havre de Morbihan, et sur ceulx qui vendront par la
rivière de Loyre jusques audit havre, aussi qui seront tirez et
menez hors nostredit pays le quarantiesme, en la fourme et manière
ès temps passez acoustumée, et d'iceluy convoy vous aions baillé
la charge et conduicte : Savoir faisons que nous, voullans et desirans promptement y estre besongné, à ce que lesdiz navires et gens
de guerre et deffense puissent estre prestz audit temps pour servir
audit convoy, ainsi qu'il est bien requis et neccessaire, vous mandons et commandons expressément regarder et visiter par les
havres et autres lieux et endroiz de nostredit païs quenlx navires,
de ceulx qui y sont et pourront estre trouvez à present, seront
bons et propres pour servir audit convoy et, appellez de noz
subgez, marchans et autres gens à ce congnoessans, informer quel
nombre de navires et de quel port il y suffira, aussi quantes flotes
et par quelz temps et en quel endroit sera bon qu'ilz tiennent la
mer, et combien de navires et combatans suffiroit pour chascune
desdictes flotes, et par autant que en trouverez et serez informez,
prenez et retenez desdiz navires, aussi desdiz gens de guerre et
combatans et les mectez, et faictes aprester et mestre sus pour
servir audit convoy du fret; desqueulx navires ceulx à qui ilz
apartendront seront poiez, aussi seront souldaiez lesdiz combatans
sur les deniers dudit devoir, ainsi que ès temps passez a esté usé
et acoustumé. De ce faire vous avons donné et donnons plain
pouair, auctorité et commission, avecques de contraindre réaument
et de fait, de par nous, touz ceulx à qui lesdiz navires apartendront

de les bailler et delivrer à touz leurs apareilz et aussi nos subgez qui ont acoustumé frequenter et aller à la mer de servir audit convoy; ausqueulx et chascun mandons et commandons en ce vous estre obéissans et dilligeaument entendans. Car tel est nostre plaisir. Donné en nostre ville de Rennes, le 27e jour de septembre, l'an 1490. Ainsi signé, ANNE. Par la duchesse de son commandement, (signé) G. DE FORESTZ.

Et scellé du seau de la Chancelerie en cire vermeille.

LIV. (1)

PROMESSE AU ROI DE CASTILLE DE L'INDEMNISER DE TOUS LES FRAIS PAR LUI FAITS POUR SECOURIR LA DUCHESSE.

1490, septembre. — Anne etc. à touz etc. salut. Savoir faisons que nous, considerant la grande, entière et parfaicte amour que par vroye expérience très haultz, très puissantz et très excellentz seigneurs, oncle et tante le roy et la royne de Castelle, de Léon, d'Aragon, etc., ont monstré par effect avoir à nous, comme de prendre et avoir noz matières à cueur, ainsi qu'ilz pourroient faire de leur propre fille naturelle et légitime, et principallement de la grande armée que à nostre prière et requeste ilz nous ont envoié par mer pour à nous et nostre pays subvenir et aider contre le roy de France qui nous faisoit et *fait la guerre* (2), tendant à nous mettre en ses mains et conquérir nostre païs et duché; à l'occasion duquel secours et aide que nous ont faitz mesdiz très honorez seigneurs oncle et tante, et de la decleracion qu'ilz ont faite en nostre faveur, avons esté grandement consolée et nostre païs préservé et deffendu : de quoy tenons et conguoessons nous et nostredit pays grandement obligez à mesdiz très honorez seigneurs oncle et tante, lesquelz ont encore entretenu et entretiennent icelui

---

(1) Reg. de la Chanc. de 1489-90, fol. 105 r°.
(2) Preuve que le traité de Francfort était mal observé.

secours à leurs propres coustz et despens, dont suymes tenuz et obligez satisfaire à mesdiz très honorez oncle et tante de leurs frais, mises et coustaiges, et les asseurer de leur en faire poiement et satisffacion. Pour lesdictes causes et autres à ce nous mouvans, et que nostre très chier et bien amé messire Francisco de Rojas, ambassadeur de mesdiz très honorez seigneurs oncle et tante, nous en a requis, avons promis, promettons et obligeons noz hoirs et successeurs et touz noz biens en parole de princesse à mesdiz très honorez seigneurs oncle et tante, leurs héritiers et successeurs, de les paier et satisfaire entièrement à tout leur bon plaisir de toutes et chacune les sommes de peccune, lesquelles ilz ont exposé et exposeront pour ledit secours, tant au poiement de leurs gaiges que à la conduicte d'iceluy jusques à la mer en venant et passant par mer en nostre pays, et entretenement d'iceluy, et en le rapassant en Espaigne et autrement. Et s'il avenoit par cy après que mesdiz seigneurs oncle et tante, à nostre requeste, nous envoyent autre secours, nous obligeons en pareille forme poier et restituer à mesdiz très honorez seigneurs oncle et tante, leurs heritiers et successeurs, toutes les sommes de peccune qu'ilz exposeront à cause dudit secours, et desquelles mises et despenses tant faictes que à faire pour ledit secours qui est icy present ou autre, s'il avenoit qu'il se feist comme dit est, promettons comme dessus faire le poiement en une ville située en Espaigne, en la seigneurie de mesdiz très honorez seigneurs oncle et tante, à noz dangiers et despens. Et en tesmoign et seurté de ce avons, en la presence dudit messire Francisco de Rojas, promis tenir et accomplir toutes les choses dessusdictes. Et avons signé ces presentes et fait sceller de nostre seel. Donné en nostre ville de Rennes, le jour de..... l'an mil quatre centz quatre vingtz et dix.

Scellé devant le vice-chancelier le... jour de septembre 1490.

LV. (1)

SAUF CONDUIT POUR LES AMBASSADEURS VENANT VERS LA DUCHESSE DE LA PART DU ROI DE FRANCE.

1490, 18 octobre. — Anne etc. à noz lieutenant, mareschal, admiral, visadmiral, cappitaines, chieffs et conducteurs de gens d'armes et de trait, tant de noz ordonnances que de nostre ban et arière-ban, archiors, arbalestriers, allebardiers, piequiers que de nostre artillerie et autres gens quelzconques estans en nostre service, capitaines aussi, gouverneurs et gardes de bonnes villes, cités, chasteaulx, forteresses, ponts, passages, jurisdicions et destroct, leurs lieuxtenans, et à touz noz justiciers et officiers, féaulx et subgectz, salut. Pour ce que avons sceu que le plesir de mon très redoubté seigneur monseigneur le roy est d'envoier presentement devers nous, pour le bien de paix et de la conduicte des matières d'entre luy, ses païs et subgectz et nous et les nostres, nostre très chier et très amé cousin Françoys de Lucembourg et reverend père en Dieu Pierre de la Douze, evesque de Loctore, et maistre Estienne Paschal, ses ambassadeurs : Savoir faisons que nous, qui tousjours avons désiré et désirons entendre audit bien de paix, avons donné et octroyé, donnons et octroions par ces presentes à nostredit cousin de Lussembourg, evesque de Lectore et Paschal, pour eulx, leurs gens et serviteurs jusques au nombre de saixante personnes et autant de chevaulx ou au dessoubz, bonne seurté et léal sauffconduit durant du jour d'uy jucques à ung moys prouchain venant, pour venir devers nous en ceste nostre ville de Rennes ou ailleurs, la part que serons.... Donné en nostre ville de Rennes, le 18ᵉ jour d'octobre, l'an 1490. Ainsi signé, ANNE. Par la Duchesse, de son commandement.....

Scellé à Rennes, le 18 octobre 1490.

(1) Reg. de la Chanc. de 1490-91, fol. 15 v°.

LVI. (1)

1490, 27 octobre. — Anne etc. à noz seneschaulx, allouez, baillifz, provostz et procureurs, leurs lieutenans et chascun, et à touz noz autres justiciers et officiers de nostre païs et duché à qui de ce apartendra, salut. — Comme ainsi soit que par les ambassadeurs de très hault, très puissant et très excellant prince mon très honnoré seigneur et cousin le roy des Rommains, empereur futur, aussi par les ambassadeurs de très haulx, très puissans et très excellens prince et princesse mes très honnorés seigneur et damme les roy et royne de Castelle et de Léon, aint esté prinses, faictes et conclutes parfaictes, vroyès et perpétuelles amitiez, confédéracions et alliances, avecques très hault, très puissant et très excellent prince mon très honnouré seigneur cousin et bon père le roy d'Angleterre, joignts en icelles lesdiz troys roys ensemble, à durer inviolablement, tenir en perpétuel entre eulx, leurs hoirs, réaulmes et subgez, païs, terres et seigneuries.

Par lesquelles alliances l'un et chascun et touz ensemble aient comprins très hault et très puissant prince nostre très cher et très amé cousin l'archeduc d'Autriche, et aussi nous, noz païs, seigneuries et subgez : promettans et ont promis de fait que si lesdiz roys ou l'un d'eulx estoint et sont par le roy de France invadez, assailliz ou guerroyez, ou les subgez de l'un et chascun d'eulx, tant par mer que par terre, nostredit cousin l'archeduc ou nous, nosdiz païs, seigneuries et subgez, lesdiz roys et chascun sont tenuz et obligez, dès lors de la significacion ou certificacion qu'ilz auront desdiz assaulx, invasions ou guerre, de incontinent eulx declairer ennemis dudit roy de France et de luy faire la guerre par mer et

(1) Reg. de la Chanc. de 1490-91, fol. 30 r°.

par terre. Et si l'un desdiz roys, archeduc ou nous, estoint invadez par ledit roy de France, lesdiz roys non invadez seront tenuz de, au plus tart, lors dedans seix moys prouchains, estre de leurs personnes et entrer ou dedans du réaulme de France, acompaignez en tel numbre que chascun de sa puissance puisse estre oudit réaulme de France en seurté, et y tenir les champs par la voyé de main forte, et n'en partir sans l'exprès consentement desdiz princes.

Et que à present ledit roy des Rommains ait envoié devers nous ses ambassadeurs pour nous notifier et signifier icelles confédéracions et alliances, savoir si nostre plesir, voulloir et intencion estoit ainsi les accepter; et après avoir fait le tout communiquer à nostre grant Conseil, où estoint aucuns des seigneurs de nostre sang et aussi les ambassadeurs desdiz autres roys, et gens de nostredit Conseil bien assemblez, nous, informez et acertenez du grant honneur et avantaige qui estoint à nous, noz païs et subgez, d'avoir esté et estre comprins esdictes alliances, et le grant fruict, profit et utillité qui à nous, nosdiz païs et subgez, en pouait redonder et venir, avons, en présence desdiz ambassadeurs, de très bon cueur accepté lesdictes confédéracions et alliances, et icelles fait proclamer et bannir davant nous en leurdicte presence par noz heraulx d'armes, en compaignie de ceulx désdiz roys en ceste nostre ville de Rennes, publiquement... Donné en nostre ville de Rennes, le 27e jour d'octobre, l'an 1490. Ainsi signé, ANNE. Par la duchesse de son commandement...

Scellé à Rennes, le 27 octobre 1490.

LVII. [1]

L'HÔTEL DES DUCS DE BRETAGNE, À PARIS, DONNÉ EN REMBOURSEMENT D'UNE SOMME DE 500 ÉCUS.

1490, 7 novembre. — Anne etc. à touz etc. salut. Comme, à l'occasion de la guerre que nous ont par cy davant fait noz enne-

[1] Reg. de la Chanc. de 1490-91, fol. 101 v°.

mis et adversaires, pour resister à l'encontre d'eulx, avons été contrainte faire emprunct de grant numbre de finances tant de noz serviteurs que autres personnes, et entre autres avons prins et emprunté de nostre bien amé et féal conseiller Johan de Corisy, nostre conterolle general, pour emploier en nosdictes affaires, la somme de cinq cens escuz d'or, de laquelle somme suymes encores à present debteurs, tenuz et obligez. Pourquoy nous, lesdictes choses considerées,.... affin que de ladicte somme demourions quietes et indempnez vers lui, à celui nostredit conseiller, pour lesdictes causes et autres à ce nous mouvans, avons aujourd'uy, pour nous, noz hoirs, successours et cause aians, baillé, cedé, quieté et transporté, baillons, cédons, quietons et transportons nostre maison de Nigeon (1), située lez Paris, estante en ruyne et cadence, cours, jardins, avec ses apartenances; ainsi qu'elle se contient, tant en cens, rentes, que autres droiz et apartenances, pour lui, ses hoirs, successours et cause aians en joir à jamais perpétuellement comme de leur propre heritaige.... Donné en nostre ville de Rennes, le septiesme jour de novembre, l'an 1490. Ainsi signé, ANNE. Par la duchesse, de son commandement.....

Scellé à Rennes, le 4 janvier 1491.

LVIII. (2)

UNE BANDE DE VOLEURS.

1490, 19 novembre. — Commission adressante aux seneschal, alloué, lieutenant et procureur de Lamballe et Moncontour, de faire enqueste et informacion de plusieurs personnes et nacions de gens, qui de jour en autre, tant de jour que de nuyt, se déguisent et mettent en habits estranges et dissimulez, et preunent petitz chaperons avecques lesqueulx ils couvrent leurs visaiges en ma-

---

(1) Cet hôtel avait été donné par le roi de France Charles V aux ducs de Bretagne, qui en firent pendant longtemps leur résidence quand ils venaient à Paris.

(2). Reg. de la Chanc. de 1490-91, fol. 52 r°.

nière que l'on ne les peut cognoestre, et gardent les boais et chemins, robent et détroussent les passans et rapassans; et ceux qui par ladicte enqueste seront trouvez chargez d'avoir fait lesdictes choses ou qui en l'avenir seront trouvez le faire, les prendre et saisir des corps et iceux sans recréance les constituer prinsonniers, pour en faire la justice telle que apartendra selon l'exigence du cas. Daté du 19ᵉ jour de ce moys, (*signé*) R. LE BLANC.

Sc. à Rennes le... novembre 1490.

LIX. (4)

AUTRES VOLEURS.

1490, 22 novembre. — Autre mandement, s'adressant à Lourans Paros, trésorier des guerres, de poier et baillor à maistre Johan de la Sauldraye, recteur de la cure de *Noal* (2), sur les premiers et plus clers deniers qui sont ou seront deuz des gaiges de partie des gens de guerre estans soubz la charge de Monsr. le prince (3), et entre autres, de ung nommé Pourbon, Fransqui Tampon, Cristien Blanchet, Aubert Probstre, et Jannin, jusques à la somme de 113 escuz d'or et 7 escuz, lesquelz lesdiz gens de guerre ostèrent et prindrent dudict de la Sauldraye lorsqu'ilz estoint en garnison à la Bretaische. Daté le 22ᵉ jour de novembre, (*signé*) G. SALMON.

Sc. devant le chancelier le 27 novembre 1490.

LX. (4)

PENSION DE 1,200 LIVRES A JEAN DE FOIX, SEIGNEUR DE MEILLE.

1490, 7 décembre. — Anne etc. à touz etc. salut. Comme, tant pour la proximité de lignaige en quoy nous atainct nostre très-cher

(1) Reg. de la Chanc. de 1490-91, fol. 65 rᵒ.
(2) Sans doute Noyal-Muzillac.
(3) Le prince d'Orange.
(4) Reg. de la Chanc. de 1490-91, fol. 81 vᵒ.

et amé cousin Johan de Foix, viconte de Castillon et seigneur de Meille, et pour les grans, honnorables et louables services que par cy davant a fait à feu mon très-redoubté seigneur et père le duc, que Dieu absolle, durant les differans et divisions qui par cy davant ont esté en ce nostre païs et duché, et nous fait chascun jour sans discontinuation, ayant la charge de capitaine des hommes d'armes de la garde de nostre corps, et pour la deffense de nostredit païs il a esté prins en bataille (1) par nosdiz ennemiz et aversaires, et détenu et mis à grant ranczon, dont il est encore à présent obligé. Pour quoy faire a habandonné ses terres, seigneuries et biens, qu'il avoit ou réaulme de France, quelz ont esté prins et saisyz et mis en autres mains, qui ont jouy et jouissent encores à present. Et avecques ce, a nostredit cousin froyé et porté en nostre service de grans coustz et charges. Savoir faisons que nous, lesdictes choses considerées, desirans et voulans l'en remercier et recongnoestre, comme de bonne raison suymes tenuz, et à ce que soit en exemple à touz noz bons et loïaulx parens et serviteurs de en l'avenir plus curieusement nous servir, pour celles et autres justes causes à ce nous mouvans, avons aujourd'hui, de nostre auctorité et par deliberacion de nostre Conseil, donné et assigné, donnons et assignons par ces presentes à nostredit cousin, par chascun an durant sa vie, la somme de doze cens livres, à estre icelle somme prinse et luy poyée par noz fermiers du devoir d'impost qui sont et seront successivement en l'evesché de Rennes, par les quartiers de leurs fermes, ainsi qu'ilz escherront... Donné en nostre ville de Rennes, le 7e jour de decembre l'an 1490. (*Signé*) R. Le Mang.

Scellé à Rennes le 7 décembre 1490.

(1) A la journée de Saint-Aubin-du-Cormier, le 28 juillet 1488 ; voir ci-dessous le n° LXII.

LXI. [1]

DÉCHARGE DE DIVERSES SOMMES POUR GUILLAUME JUZEL, NAGUÈRE TRÉSORIER DE BRETAGNE.

1490, 7 décembre. — Anne etc. à noz bien amez et féaulx conseillers les gens de noz comptes, salut. Comme au moys de mai l'an mil iiii^c iiii^{xx} ix, nostre bien amé et féal conseiller Guillaume Juzel, naguères nostre trésorier général, ait par nostre exprès commandement baillé à nostre amé et féal Lorans Pares, nostre trésorier des guerres, pour emploier ou fait de son office la somme de 500 livres monnoie. — *Item*, à Bernabé Ruelle, provost de la grande bande des Almans estans en nostre service, que lui avions ordonné de don pour distribuer à certain numbre desdiz Almans, qui avoint certaines marchandies qu'ilz avoint prins sur aucuns marchans allans de ceste nostre ville de Rennes en Normandie, qui avoient eu de nous saulfconduit, la somme de 200 l. monnoie. — *Item*, pour le desfroy de noz bien amez et féaulx Artur Dupan, maistre Pierres Cojalu, Joachim Eder, maistre Angirard de Boexello et Robert Justou, ambassadeurs par nous envoiez audit mois de may derrain devers très haut, très puissant et très excellent prince mon très honoré seigneur, cousin et père, le roy d'Angleterre, la somme de 735 l. monnoie, savoir, audit Dupan 250 l., audit Cojalu 200 l., audit Joachim 75 l., audit maistre Angirard 60 l., audit Justou 100 l., et à *Vennes*, poursuyvant, 50 l., qu'est en tout icelle somme de 735 l. — *Item*, en mains, contant, pour aucuns noz plaisirs et affaires, par Guillaume Salmon, l'un de noz sécrétaires, qui nous aporta et bailla audit moys de may la somme de 60 l. monnoie, dont voulons ces présentes seulement valoir quitance audit trésorier. — *Item*, à Jehan le Doyer, capitaine de nostre chastel et place de Pirmil, à valoir sur les gaiges des gens estans o lui à la garde dudit chasteau, la somme de 50 l. monnoie.

(1) Reg. de la Chanc. de 1490-91, fol. 80 r°.

— *Item*, à Pierres de la Porte, à valoir sur ses gaiges de l'an IIII^{xx} ouict, 50 l. — *Item*, à Guillaume de Lasdeseur (?) dit Picaud, nostre faulconnier, tant pour ses gaiges que pour luy aider à soy entretenir, oultre la somme de 200 l. luy ordonnée par une descharge au moys d'avril l'an mil IIIIe IIII^{xx} huict, la somme de 80 l. — A maistre Rolland de la Villéon, pour son desfroy d'avoir esté, ou moys de septembre oudit an IIII^{xx} VIII, en nostre bas païs pour faire avitailler certains navires pour le passaige des Almans, la somme de 10 l. monnoie. — A Olivier Estienne, chevaucheur de nostre escurie, pour son desfroy de aller de par nous au moys d'octobre, l'an surdit mil IIIIe IIII^{xx} huict, devers mons^r le roy, la somme de 12 l. 10 s. — A Françoys Guillet, oudit moys d'octobre, pour son desfroy d'aller de par nous devers nostre très cher et très amé cousin et féal le sire de Rieux, nostre lieutenant général et mareschal de Bretaigne, lors estant à Nantes, la somme de 40 soulz. — *Item*, oudit moys d'octobre, à Guillaume Lambot, serviteur de nostre très cher et très amé cousin et féal le sire de Montafillant, à valoir sur son desfroy d'estre de par nous en hostaige devers mondit seigneur le roy pour l'entretenement de la paix d'entre nous, le nombre et somme de 100 escuz d'or, et que voulons valoir néantmoins que la quictance desdiz 100 escuz soit en papier, et qu'il soit ordonné à la Chambre de nosdiz comptes de rendre les acquietz en parchemin. — *Item*, à nostre bien amé et féal conseiller et chambellan, messire Phelipes de Montauban, chevalier, seigneur de Sens, nostre chancelier, la somme de... (*en blanc*) à valoir sur ce que luy pouons devoir pour aucunes mises qu'il a faictes pour noz exprès affaires et de nostre païs, tant ou vivant de feu mon très redoubté seigneur et père le duc, que Dieu absolle, que depuis son decès et durant les guerres et divisions qui ont esté en nostredit païs. — *Item*, la somme de 155 l. 7 s. 6 d. qu'il poya et bailla contant ès mains de mondit seigneur et père, pour employer en ses menuz affaires et plaisirs, oultre la somme de 10,000 l. contenue en sa descharge; quelle somme de 155 l. 7 s. 6 d. luy avez refusée à son compte qu'il à rendu à Vennes ou moys de juillet oudit an mil IIIIe IIII^{xx} huyt, par deffault de garant, néantmoins qu'il vous ait apparu la quittance de mondit seigneur et père; et icelle somme voulons pareillement lui estre allouée et passée en clère mise et descharge, considéré qu'il apert ladicte somme avoir tourné à la main de mondit seigneur et père. — Nous, bien recordée des commandemens par nous luy faiz du poyement des sommes dessusdictes, vous mandons et expressément commandons que icelles sommes et chascune devant déclerées vous allouez et passez audit Juzel, trésorier surdit, en clère mise et descharge à ses comptes qu'il a renduz ou rendra davant vous des receptes et mises de sondit office sans aucun refus ne difficulté y faire, en vous raportant seullement ces presentes avecques les quictances des parties cy davant nommées et chascune respectivement, à qui il a fait lesdiz poyemens, comme est davant supposé. Car tel est nostre plaisir, nonobstant queulxcomques mandemens et ordonnances, deffences ou autres choses à ce contraires ou dérogatoires. Donné en nostre ville de Rennes, le..... jour de décembre, l'an 1490. Ainsi signé, ANNE.

Scellé à Rennes, le 7 décembre 1490.

LXII. [1]

DÉCHARGE DE DIVERS JOIAUX POUR LE MÊME JUZEL.

1490, 7 décembre. — Anne etc. à noz bien amez et féaulx conseillers les gens de noz comptes, salut. Pour ce que, durant le temps que nostre bien amé et féal conseiller Guillaume Juzel a esté nostre trésorier et receveur général, avons mis et fait mettre en ses mains les bacgues et choses cy après declairées pour bailler et emploier en noz exprés et très-necessaires affaires, ce qu'il a fait de nostre commandement, ainsi que ensuit: Savoir, une chesne d'or à cordellière, à laquelle pend une fleur esmaillée de rouge cler où y a une grosse pointe de diamant estante en son chaton, pesant ensemble 6 onces 5 gros et demy de bon paix, garnye de son estuy, avecques une chesne d'or frisée à coupletz, à laquelle pend une

---

(1) Reg. de la Chanc. de 1490-91, fol. 78 r°.

tresce de marguerite où y avoit trois diamans assiis, l'un à losange,
l'autre en échiquier, et l'autre en table, lequel diamant en échiquier a esté osté de son lieu et baillé à Jehan Grelier, marchant,
demourant à Saumur, en gaige et pour seurté de la somme de
1,000 livres qu'il nous a presté : quelles bacgues furent de ung
coffre qui avoit esté à ma très redoubtée dame et mère la duchesse (1) que Dieu pardoint, celuy coffre lors estant en la garde
de Jehan du Boul; et icelles bacgues par ledit Juzel baillées à nostre
chier, bien amé et féal conseiller et chambellan, missire Philipes
de Montauban, chevalier, seigneur de Sens, nostre chancelier, qui
les nous a rendues et baillées, et d'icelui les avons eues et receues,
et en quittons lesdiz chancelier et Juzel, en voulant et voulons
qu'ilz en soint et demourent quittes. — *Item*, ung fremaillet garny
de trois grosses pointes de diamant, troys grosses perles, et au me
lieu d'icelles ung gros ballay branlant, pesant or et pierres 2 onces
5 gros, quel fut baillé par ledit Juzel, de nostre commandement,
à Thomas de Riou, pour meptre en gaige de 100 solz de loy d'argent et iceulx livrez en noz monnoies de Rennes pour monnoyer et
emploier au poiement des Almans lors estans en nostre service. —
Item, troys grosses perles, deux en faczon de poire, non garnies,
pendentes à ung filet, et l'autre beslongue qui est un peu brute,
garnie de une potence d'or, pesantes ensemble 5 gros, baillées
pareillement par ledit Juzel de nostre commandement à Lorans
Pares, trésorier de noz guerres, pour icelles meptre en gaige de
certaines sommes de monnoyes pour emploier au fait de son office.
— *Item*, ung grant ballay en table, assis en ung chaton d'or, ledit
chaton estant en une fleur d'or esmaillée de blanc, pesans l'or,
balay, et le cuir tanné où il est estaiché, 1 once, icelle bacgue
pareillement baillée par ledit Juzel, de nostre commandement, à
nostre bien amé et féal chambellan Gilles de Condest, chevalier,
seigneur de la Morteraye, pour meptre en gaige de 200 escuz d'or,
que ledit de Condest nous a promis employer à la délivrance et
poiement de la ranczon de Allain de Keradreux, homme d'armes de
nostre garde, détenu prinsonnier par les Françoys, par lesqueulx

(1) Marguerite de Foix, seconde femme du duc François II.

Françoys il avoit esté prins en nostre service. — *Item*, ung fremaillet garny de deux grosses tables de balay, pesant 1 once 2 gros, baillé pareillement par ledit Juzel, de nostre commandement, à nostre très cher et très amé cousin Jehan de Foueix, seigneur de Meille et capitaine de nostre garde, pour mettre en gaige de somme de finances pour luy ayder à poier sa ranczon aux Franczoys, desqueulx il fut prins à la rencontre qui fut près Sainct-Aulbin du Cormier. — *Item*, une chesnete d'or carrée, à laquelle pend une trefle, où y a assiis ung ruby en table et deux diamans à faces, pesans ensemble 2 onces 4 gros, baillez pareillement par ledit Juzel, de nostre commandement, à Colinet de Marchy pour seurté et gaige de 200 escuz d'or que ledit Colinet nous a presté et, de nostre commandement, bailla en la main de nostre bien amé et féal conseiller maistre Rolland de la Villéon, pour emploier au poiement de certains Almans, lors estans en ceste nostre ville de Rennes : — Vous mandons et commandons expressément icelles bagues et chascunes cy dessus declerées, allouer et passer audit Juzel à ses comptes en clère mise et descharge, sans aucun refus ne difficulté y faire, apparoissant ledit Juzel les relacions des parties cy dessus nommées, à qui les bagues ont esté, ainsi que dit est, baillées, fors desdictes bagues que avons receues de nostredit chancelier en nostre main, desquelles voullons cestes presentes seulement lui valoir quittance et descharge, sans autre garant ne relacion, Car il nous plaist. Donné en nostre ville de Rennes le... jour de l'an... 1490.

Scellé à Rennes, le 7 décembre 1490.

LXIII.

DÉCHARGE DE DIVERSES SOMMES POUR GATIEN MATHIS.

1490, 11 décembre. — Anno etc. Savoir faisons et notiffions à touz qu'il apartient que nostre bien amé et féal conseiller et trésorier Gacien Mathis, dès le xvi° jour de juillet l'an mil iiii° iiii²² sept, fournit et commencza le poyement et soulde de mil cinq cens Allemans, gens de guerre, de deux moys, que lors très puissant, très hault et très excellant prince, mon très honnoré seigneur et cousin le roy des Roumains envoia au secours de feu mon très redoubté seigneur et père le duc que Dieu absolle, contre le roy de France qui luy menoit et fesoit la guerre, au pris de quatre flourins d'or de soulde de chascun par moys, montant pour lesdiz deux moys la somme de dix oulct mil flourins. Et pour valloir audit Gacian Mathis à recouvrer ladicte somme de mondit très honnoré seigneur et cousin le roy des Roumains, luy en avons baillé ces présentes signées de nostre main et saellées de nostre seel. Donné en nostre ville de Rennes, le... jour de.... l'an....(1) (signé) P. Mahé.

Scellé à Rennes, le 11 décembre 1490 (2).

1490, 11 décembre. — Anne etc. à noz bien amez et féaulx conseillers les gens de noz comptes, salut. Nous voulons et vous mandons expressément allouer et passer en clère mise et descharge à nostre bien amé et féal conseiller Gacien Mathis, au compte qu'il rendra de la somme de 18,000 flourins que lui avons ordonné recevoir de très hault, très puissant et très excellent prince mon très honnoré seigneur le roy des Romains, pour emploier à la soulde de deux mois de mil cinq cens Almans, gens de guerre, que ledit roy des Romains envoya dès le saiziesme jour de juillet l'an mil iiiic iiiixx sept, au secours de mon très-redoubté seigneur et père le duc, que Dieu absolle, à l'encontre du roy de France, quel lui fesoit et menoit la guerre, les sommes et chascunes cy après declairées sur ladicte somme de 18,000 flourins, savoir, la somme de 6,000 flourins qu'il avancza et fist bailler du commandement dudit roy à valoir sur ladicte somme au bastart Baudouin, rendant quictance dudit Baudouin seulement. — *Item*, tenir compte et passer en clère mise et descharge sur ladicte somme audit Mathis la somme de quoy monteront ses deffroyz depuis le quart jour de may, l'an mil iiiic iiiixx vi, depuis lequel temps il a vacagé

<hr>

(1) Les dates des jour, mois et an en blanc au registre.
(2) Reg. de la Chanc. de 1490-91, fol. 85 vo.

et sejourné en Flandres, Angleterre, France et ailleurs, en ambassade, tant du vivant de mondit seigneur et père que depuis, jucques au premier jour de ce présent moys de novembre, au prix de 2 escuz par jour qui luy furent ordonnez, avecques la somme de 1,200 livres monnoie pour ses gaiges lui restans de se x ans, au prix de 200 l. par an; mesmes lui tenir et emploier audit compte les mises qu'il raportera avoir faictes pour nous durant le temps qu'il a esté oudit païs de Flandres, tant pour desfroiz et envoiz de messaigers devers mes très redoubtez seigneur et dame père et mère, le duc et la duchesse que Dieu absolle, et devers nous, pour avertir et informer des matières dudit païs de Flandres et de la volunté dudit roy des Rommains, que pour pluseurs passaiges, rendant le mynu et relacion d'icelles mises signé de révérend père en Dieu nostre bien amé et féal conseiller l'evesque de Léon; semblablement lui allouer et passer en clère descharge la somme de 1,200 l. monnoie pour l'achapt de dix grans chevaulx qu'il envoia à mondit seigneur et père; aussi les sommes qui ensuyvent, quelles il a poiées et baillées auxdictes parties de Flandres aux personnes cy après declairées : savoir la somme de 300 l. qu'il poia au seigneur de Maupertuis pour lui aider aux mises qu'il eust et porta oudit païs de Flandres lorsqu'il estoit en ambassade de par mondit seigneur et père; et autres 300 l. pareillement, qu'il poya à Ollivier de Coëtmen, et 100 l. à Jehan de Plouer, pour semblables causes; et autres 300 l. au capitaine Turin, par l'ordonnance de nous. — *Item*, voulons et vous mandons allouer et passer en clère descharge audit Mathis la somme de 2,000 flourins, que lui avons ordonné poier au révérend père en Dieu l'evesque de Léon, à valoir sur ses desfroiz du temps qu'il a esté devers mondit seigneur le roy des Rommains; aussi la somme de 400 l. monnoie, que pareillement il a poiée à Gaspart de Luparien pour sa pencion de deux années; aussi la somme de 1,000 flourins, qu'il a semblablement poiée par nostre commandement à missire Jehan de Berglez seigneur de l'Aleu, de don et rescompance de pluseurs coustaiges et mises qu'il a eues pour les affaires de mondit seigneur et père et de nous; et la somme de 800 escuz d'or, qu'il a poiée de nostre commandement à nostre bien amé et féal conseiller Louppe de Dicastillo, nostre maistre d'ostel, pour la promesse de son mariaige. En oultre, voullons et vous mandons passer et allouer en clère mise et descharge audit compte toutes icelles sommes que nostredit conseiller vous aparoistra lui estre deues par la fin et déducion des comptes qu'il a renduz et rendra tant de l'office de la trésorerie de feue nostre très redoubtée dame et mère la duchesse, que Dieu absolle, que du poiement des gaiges des gentilzhommes, dames et damoiselles de l'ostel de nostredicte dame et mère, raportant quittances pertinentes desdictes parties. Et aussi la somme de... *(en blanc)* livres monnoie que mondit seigneur et père luy ordonna par ses lectres et mandemens patens pour rescompence d'ung sien molin à eau estant en nostre ville de Nantes sur la rivière d'Erdre, que maistre Jacquemyn nostre armourier a occupé par le temps de treze ou quatorze ans. Et n'y faictes faulte ne difficulté, raportant cestes avecques la quittance, mandemens et relacions pertinentes ou deues informacions. Car tel est nostre plaisir, nonobstant qu'il n'ait employé ladicte somme en la soulde desdiz Allemans, comme dit est cy davant, ou autre choses à ce contraires. Donné en nostre ville de Rennes, le 11.e jour de décembre, l'an 1490. Ainsi signé, ANNE. Par la duchesse, de son commandement, *(signé)* P. MAUR.

Scellé à Rennes, le 11 décembre 1490 (1).

1490, 12 décembre. — Mandement de certification comme ledit Mathis a poié, pour la soulde de certain numbre d'Almans qui vindrent au secours du Duc, xliiiiᴹ livres (43,000 l.).

Sc. devant le chancelier, le 12 décembre 1490 (2).

(1) Reg. de la Chanc. de 1490-91, fol. 84 r°.
(2) *Ibid.*, fol. 87 v°.

0

LXIV. [1]

AUXILIAIRES ANGLAIS DE LA DUCHESSE.

1490, 12 décembre. — Mandement de deffense aux subgitz de la ville de Moncontour et Saint-Brieuc de non se insurger contre les Angloys estans èsdictes parties, sur paine d'estre reputez rebelles et desobéissans. Daté le 12e jour de décembre, (signé) G. Salmon.

Sc. à Rennes, le 12 décembre 1490

LXV. [2]

DON D'UNE PENSION DE 12,000 LIVRES AU SIRE D'ALBRET.

1490, avant le 19 décembre. — Anne etc. à touz etc. salut. Comme pour la tuicion, deffense et entretenement de nostre païs et duché *et le recouvrement de noz places à present occupées par aucuns estrangiers,* nous soit requis avoir et entretenir gens de guerre en grant nombre, et nous soit plus convenable en ce nous servir et aider de noz bons parens et loyaulx amys, qui ès temps passez nous ont secouruz et aidez en nos affaires, lesqueulx en ce avons éprouvé par effect : Savoir faisons que nous, confians entièrement en nostre très cher et très amé cousin le sire d'Albret considérans la bonne, grande et loiale affection qu'il a euc ès temps passez à secourir et aider mon très redoubté seigneur et père le duc que Dieu absolle, nous et la chose publicque de nostre païs, ce qu'il a fait de fait, et les bons, grans et louables services, quelz, en se démonstrant nostre bon parent, il nous a faitz et espérons qu'il nous fera en l'avenir, et pour autres causes à ce nous

(1) Reg. de la Chanc. de 1490-91, f. 80 r°.
(2) Reg. de la Chanc. de 1490-91, f. 122 r°.

mouvans, nous avons ordonné, voulu et consenty, voulons, consentons et ordonnons nostredit cousin entretenir, poyer et souldoyer cent hommes d'armes et deux cents archiers, soubz nostredit cousin, pour nous servir en sa compaignie et soubz sa charge en nostredit païs et duché, pour lesdictes deffense, tuicion et entretenement de nous, noz subgez et nostredit païs et duché, à leurs estre fait le poiement de leur soulde par quartiers de chascun an durant le temps que nostredit cousin et sesdiz gens de guerre resideront en nostredit païs pour noz aide, secours et service, en oultre le droit de capitaine. Et pour partie de l'entretenement de l'estat de nostredit cousin et partie des fraiz et mises qu'il aura et pourra avoir touchant la conduite desdiz gens de guerre, nous lui avons ordonné, ordonnons et promectons, oultre les choses par nous lui octroyées en ce jour paravant nostre mandement, la somme de douze mil livres de pencion par chascun an durant qu'il sera..... (1)

(1) La transcription de cette pièce n'ayant pas été achevée au registre, on ignore la date exacte du mandement. D'après les dernières lignes, on serait tenté de le croire du même jour que le n° xxxvi ci-dessus, c'est-à-dire du 11 août 1490. Mais, dans ce cas, il serait évidemment enregistré immédiatement après ce n° xxxvi. Au lieu de cela, il ne figure même pas dans le registre de 1489-90, mais dans le suivant, qui commence au 1er octobre 1490. On doit donc le regarder comme postérieur à cette dernière date. Toutefois, comme il n'est qu'au nom d'Anne de Bretagne et non à celui de Maximilien et Anne, il est certainement antérieur au mariage par procureur de notre duchesse avec le roi des Romains, c'est-à-dire au 19 décembre 1490. Mais je le croirais volontiers très-voisin de cette dernière date et je serais porté à voir dans le riche don qu'il contient un acte de libéralité destiné précisément à adoucir, dans l'âme du vieux Gascon, l'amer dépit que lui devait nécessairement causer la cérémonie du 19 décembre 1490.

LXVI. (1)

PREMIERS PAIEMENTS FAITS AU MARÉCHAL DE RIEUX SUR SON INDEMNITÉ DE 100,000 ÉCUS.

1490, 21 décembre. — Mandement pour le sire de Rieux s'adressant à Colinet et ses consors fermiers de la provosté de Nantes, et au receveur dudit lieu de Nantes, Jehan Pavrageau, Pierre Avignon et Thébaud Erault, receveurs en l'évesché de Nantes du fouaige de 8 l. 8 s. par feu, et audit Colinet de Marchy receveur des aides de Nantes, et aux fermiers de l'evesché de Nantes, de se obliger et poyer audit sire de Rieux, savoir, lesdiz fermiers de la provosté la somme de 12,000 l.; lesdiz fermiers de l'impost 14,000 escuz; audit receveur des aides 914 escuz; audit receveur ordinaire de Nantes 2,000 escuz; et ausdiz fermiers dudit fouaige la somme de 3,080 escuz, par une parcelle; et pour la soulde de cent hommes d'armes et leurs archiers, comprins les droiz de capitaine, la somme de 31,200 l. *Quelles sommes et chasune ont esté données et ordonnées audit sire de Rieux pour rescompence des démolicions et abattis de ses places, maisons, boais et dommaiges quelz a eu par les Francoys, à valloir sur la somme de cenz mil escuz, selon et au desir du mandement du don et assignacion.* Daté le 21e jour de decembre derrain, (*signé*) G. SALMON.
Scellé à Rennes, le 24 décembre 1490.

(1) Reg. de la Chanc. de 1490-91, fol. 88 r°.

LXVII. [1]

LETTRE MISSIVE DE LA DUCHESSE AUX CHEFS DE L'ARMÉE ANGLAISE RÉCEMMENT DÉBARQUÉE EN BRETAGNE.

1491, 30 mai. — *A très chiers et grans amis les capitaines de l'armée d'Angleterre, présentement envoyée à nostre secours par monseigneur mon bon père le roy d'Angleterre* [2]· — Très chiers et grans amys, bien cordialement nous recommandons à vous. Pour ce que avons eu quelques nouvelles de vostre descente en nostre pays avecques le bon et grant secours que monseigneur mon bon père le roy d'Angleterre nous a envoyé, nous avons expédié le capitaine Lornay, le sieur de la Moussaye et Thomas de Kerazret nostre provost de mareschaulx, nos chambellains, pour vous recueillir et faire pourveoir des choses qui vous seront necessaires, aussi vous dire nostre desir et intencion, lesquelz veillez croyre de ce qu'ilz vous en diront de nostre part et nous faire amplement savoir de voz nouvelles; avecques, se chose desirez que faire puissons, et nous le ferons de très bon cueur, comme scoit Nostre Seigneur, qui, très chiers et grans amys, vous ait en sa saincte garde. Escript à Rennes, le penultième jour de may [3]. — *La Royne des Romains*, duchesse de Bretaigne etc., bien vostre *(signé)* ANNE *(et plus bas)* DE FOURSTZ.
(Original en papier.)

(1) Trésor des chartes de Bretagne, cote S. D. 39.

(2) Cette adresse est au dos de la lettre originale, en papier.

(3) Ce ne peut être que le 30 mai 1491, puisque Anne de Bretagne prend le titre de reine des Romains, qu'elle ne pouvait porter que depuis le jour de son mariage par procureur avec Maximilien, c.-à-d. depuis le 19 décembre 1490. (Voir à ce sujet le Mémoire de M. P. de la Bigne Villeneuve, dans le *Bulletin de la Société Archéologique d'Ille-et-Vilaine*, t. II (année 1862), p. 227-228 et 230-231.

LXVIII. [1]

AUGMENTATION DU NOMBRE DES ARCHERS DE LA MARÉCHAUSSÉE.

1491, 4 juin. — Maximilian et Anne, par la grace de Dieu roy et royne des Romains, duc et duchesse de Bretaigne [2], à touz ceulx qui cestes presentes lettres verront, salut. Comme par cy davant, en consideracion et pour le bien de nous et de la chose publicque de nostre pays, ait esté requis que justice ait la main forte et soit exaulsée et les mauveix pugniz, et à celle cause ordonné vingt archiers soubz la charge de nostre bien amé et féal conseiller et chambellan missire Gilles de Coëtlogon, chevalier, seigneur de Méjuceaulme, nostre provost des mareschaulx de nostre hostel, pour estre, demourer et résider avec luy au fait de son office; *et à présent, obstant les guerres et divisions qui sont en cestuy, y a en nostredit pays grant abundance de gens de guerre de pluseurs contrées, pays et nacions, partie desqueulx commettent souvent pluseurs cas, crimes et delitz et, espoir, plus feront si pugnicion n'en est faicte, à laquelle nous est très requis et neccessaire pour-*

(1) Reg. de la Chanc. de 1490-91, fol. 129 r°.

(2) Depuis le mariage par procureur de Maximilien, roi des Romains, avec Anne de Bretagne, c'est par cette formule que débutent tous les mandements et autres actes de notre duchesse. Parmi les titres publiés par D. Morice, le plus ancien qui ait cette formule est une pièce de procédure du 18 février 1491 (*Pr. de l'His. de Bret.*), III, 690; mais un peu plus haut (*ibid.*, 682), on trouve le titre de *royne* donné à Anne de Bretagne dans le corps d'un acte du 28 décembre 1490. C'est le plus ancien, à ma connaissance, où il lui soit attribué. Au contraire, notre n° LV ci-dessus débute par l'ancienne formule *Anne duchesse de Bretaigne*, ce qui suffirait à prouver que le mariage avec Maximilien fut célébré entre le 11 et le 28 décembre 1490; et l'on a vu en effet ci-dessus (n° LIX, à la note) qu'il est du 19 décembre 1490. Cf. aussi le quatrième extrait rapporté ci-dessus au n° XLV, sous la date du 5 février 1491.

ceoir. Pour celles et autres causes à ce nous mouvans, avons, par avis et deliberacion de nostre Conseil, de nouveau ordonné et ordonnons à nostredit provost vingt archers, oultre ledit numbre de vingt archers de ordonnance precedentement luy ordonnez paravant ces heures, qu'est ensemble quarante archers, pour estre soubz sa charge et résider avec luy, affin de luy tenir la main forte à l'exercice de son office, qu'est chose très necessaire. Ausquelz archers mandons et commandons très expressement luy obéir, et à noz trésoriers generaux et des guerres leur faire poyement de leur soulde par chascun an ou temps à venir, ainsi que aux autres archers de noz ordonnances. Et raportant ces presentes ou le vidimus d'icelles retenu soubz scel auctentique avec la quittance de nostredit provost à ce pertinente, ce que poyé leur aura luy sera alloué et passé en clère mise et descharge à ses comptes par noz bien amez et féaulx conseillers les gens et auditeurs de la Chambre de noz comptes, ausqueulx mandons expréssement ainsi le faire sans reffus, délay ne difficulte y faire. Car c'est nostre plesir, neantmoinz quenlxconques ordonnances que aions faictes ou faezons à ce contraires. Donné en nostre ville de Rennes, le quart jour de juign, l'an 1491. Ainsi signé ANNE. Par la royne, de son commandement, *signé*) G. SALMON.

Scellé à Rennes, le 23 juillet 1491.

LXIX. (1)

FOUAGE MIS PAR LA DUCHESSE POUR L'ACHÈVEMENT DES FORTIFICATIONS DE RENNES.

1491, 25 juin. — Maximilian et Anne, par la grâce de Dieu etc, à touz etc, salut. Comme dès le 26° jour de mars derroin, pour obvier aux sedicieuses, mauveises et dampnables entreprinses que avoint et faisoint de jour en autre les

(1) Reg. de la Chanc. de 1490-91, fol. 131 v°

Françoys noz aversaires et ennemis, qui en celui moys (2) et
bien paravant, néantmoinz certain traicté de paix et concordat
promis et juré en grant sollempnité, avoint prins par traïson
nostre cité et ville de Nantes, entré en cestuy nostre pays et
duché et y marché avec ost et armée, prins à force pluseurs de
noz autres cités et chasteaulx, tendans à nous conquérir et
nostredit païs asugectir, si faire l'eussent peu; à quoy et pour
résister à leursdictes entreprinses, pour tant qu'il estoit requis,
ceste nostre ville de Rennes, en laquelle, pour la seurté de
nostre personne, tuicion et preservacion de tout nostredit païs,
faisions et à present faisons nostre residence, eussons ordonné
garnir d'artillerie, et certains ramparts et belouuars encommancez tant dehors que dedans parachever et les autres choses
y servantes et requises; et pour ce faire, commandé à nostre
bien amé et féal secrétaire Pierres Allès contraindre, exiger et
prendre sur et d'un chascun de noz subgetz de bas estat de
nostredit pays et pour le temps d'un moys, sur chascun homme
portant son *feu* (2) deux journées de homme par sepmaine
pour mettre et emploier audit euvre, ramparts et artillerie,
et de nosdiz autres subgez plus ou moins à l'équipolent selon

(2) **Mars 1491.** — Il semble résulter de la construction de la phrase que
ce mandement rapporte la prise par traïson de Nantes à « *celui moys,* »
c'est-à-dire au mois de mars 1491, et les autres actes d'agression des Français, indiqués d'une façon purement générale, à une époque antérieure à ce
mois, désignée ici par les mots « *bien paravant.* » Nos historiens ne sont
pas d'accord sur la date de la prise de Nantes : Lobineau la met
le 19 février 1491 *(Hist. de Bret.,* I, 813); d'Argentré « environ le 20e de
mars » (liv. XIII, chap. 57, *H. de Bret.,* 3e édit., p. 1,000); Dom Morice,
plus prudent, n'indique point le jour *(H. de Bret.,* II, 206).

(2) Il s'agit ici de l'unité imposable appelée un *feu*, d'où la taxe ainsi
assise se nommait un *fouage*. En ce sens, *feu* et *ménage* ne sont nullement synonymes, et dans la classe populaire un ménage n'était la plupart
du temps compté que pour 1/2, 1/3, 1/4 ou même 1/6 ou 1/8 de feu, selon l'aisance relative des contribuables. « *Chascun homme portant son
feu* désigne donc ici les ménages réputés assez riches pour former chacun
un *feu entier.*

leur facultez, qu'estoit vingt soulz par feu, à quoy ledit Allès ait procedé en grant partie d'iceulx nosdiz subgetz : pour tant que lesdiz Françoys tiennent et occupent grant partie de nostredit païs, au moïen de quoy il n'en a peu joüir, ne sesdiz commis ladicte commission exercer, ains estoit et est demouré ledit euvre inparfait, et a convenu et convient ausdiz oupvriers cesser, qui pourroit estre cause de la totalle perte et destrucion de nous et de nostredit pais, si sur ce n'estoit pourveu.

Et soit ainsi que de present aions esté et soyons avertiz que lesdiz Françoys noz aversaires se sont tirez et tiennent en ost et armée à Meezac, et y font amas de peuple pour nous venir assiéger en ceste nostredicte ville de Rennes et la prandre à force et nous, si faire le peuvent, ce que Dieu ne veille; à quoy moyennant l'aide de Dieu et grans secours que entendons avoir en briefs de noz bons, vroiz, loiaulx parents, alliez, amis et subgetz, entendons résister et nous deffendre, au moïen de quoy nous soit très-necessaire et requis en toute bonne et grande diligence lesdiz ramparts et artilleries appareiller et parfaire, ce que ne pouons ne pourions faire sans autre pareille aide de nosdiz subgetz de bas estat, lesqueulx y ont et pouent avoir leur reffuge tant pour leurs personnes que pour leurs biens :

Savoir faisons que nous, desirans à ce pourveoir, ainsi que raison est, et en toutte dilligence lesdiz oupvres encommancez faire parachever et garnir d'artillerie pour la deffense d'iceulx, et nous et nosdiz subgetz meetre en toute bonne seurté au mieulx que pourrons, avons aujourd'uy, par advis et deliberacion de nostre grant Conseil, ordonné tout incontinant estre prins et levé pareille somme de vingt soulz par feu sur touz et chascun nosdiz subgetz de bas estat, et sans avoir esgart et distincion de fiez et de seigneuries queulxcomques, franchises, exempcions, libertez ou autres queulxcomques privileges et preminances, pour ceste foiz seullement, pour iceulx deniers estre emploiez et convertiz en ce que dessus, à estre receuz et levez par nostre bien amé et féal conseiller Johan de Lespinay,

nostre trésorier et recevour général, par il ou ses suffizans
commis et pour lesquoulx il fournira et respondra, et on tendra
compte ainsi que de noz autres deniers et finances..... Donné
en nostre ville de Rennes soubz les seign et seau de nous Anne,
le 25e jour de juign l'an 1491. Ainsi signé, ANNE. Par la royne
de son commandement et en son conseil, *(signé)* G. DE FORETZ.
Et scellé du seel de la Chancelerie en cire vermeille.

LXX. (¹)

LA CHATELLENIE DE JUGON DONNÉE EN GAGE A MAUPERTUIS, GRAND-MAITRE DE L'ARTILLERIE.

1491, 23 juillet. — Maximilian et Anne etc. à touz etc. salut.
Comme feu mon seigneur et père que Dieu absolle, pour la
grande confiance que il avoit en nostre bien amé et féal conseiller et chambellan Jehan Le Bouteiller, chevalier, seigneur
de Maupertuis, maistre de nostre artillerie, lui eût en son
temps baillé pluseurs grandes charges pour les affaires de lui
et de son païs, et entre autres l'envoié par pluseurs véaiges ès
parties d'Angleterre et de Flandres, tant pour l'entretenement
des amitiez et alliances d'entre nous et très hault et très puissant prince nostre très cher et très amé cousin le roy d'Angleterre, et pour le fait de nostre mariaige et autres noz exprès
affaires touchant le bien de nous et de la chose publique de
noz païs et subgez, lesquelz véaiges et charges nostredit
chambellan avoit faitz et portez grandement et honorablement,
à ses grans fraiz, mises et coustaiges. Pour lesquelles choses
faire nous a remonstré avoir vendu et engaigé seix cens livres
de rente, dont il dit devoir les erréaiges de trois ans, requérant
nostredit chambellan de faire poier et satisfaire desdictes
mises, fraiz et coustaiges qu'il eut èsdiz véaiges, ainsi que
suymes tenuz, lesquelz poiemens ne puissons à present faire,

(1) Reg. de la Chanc. de 1490-91, fol. 130 r.

obstant les grandes, sumptueuses mises, charges et affaires
que avons à porter et soustenir pour l'entretenement de nostre
armée, preservacion, seurté et deffense de nous Anne et de
nostredit païs et duché et les occupacions injustes que font les
François de pluseurs de noz villes, places et seigneuries, au
moien de quoy suymes impeschez de la percepcion et jouissance de la pluspart de noz deniers et revenues. Desirant pour
acquit de la conscience de mondit seigneur et père meetre
nostredit chambellan en seurté du poiement desdictes mises, à
ce qu'il et autres noz bons et loiaulx subgez et serviteurs soient
plus curieux et aient vouloir de bien nous servir, après avoir
fait faire appurement d'icelles mises par nostre conterolle
general, qui ont esté trouvées se monter la somme de six mil
livres monnoie, y comprins aucunes sommes que luy avons
données que aucunes assignacions qu'il avoit eues, dont il n'a
peu jouyr, lesquelles avecques l'apurement fait par nostre
conterolle general, seront rendues et baillées ès mains de
nostre trésorier général pour les présenter à la Chambre de
noz comptes, tant du vivant de nostredit seigneur et père que
dempuis, de nous, à iceluy nostre chambellain, prenant et
acceptant pour luy et ses successeurs, avons aujourd'uy, par
l'advis et deliberacion de nostre conseil, cédé, baillé et
transporté, cédons et transportons noz chastel, chastellenie,
terre et seigneurie de Jugon, avecques ses juridicions, revenues, appartenances et deppendances quelzcomques, comme se
porte, avec les charges y estans et sur ce deues, sans riens en
retenir ne réserver, fors l'institucion des officiers de justice et
les pesches et couppes de boys anciens de ladicte seigneurie,
autrement que de ventes en la manière accoustumée estre
faictes, pour en jouir, faire et disposer nostredit chambellan et
sesdiz successeurs de fruiz, levées et revenues jucques à le
poier et satisfaire du tout d'icelle somme vi^m l. monnoie, lequel
poiement lui pourions faire par trois termes et sans que par
nous ne autres, ou nom de nous, ladicte chastellenie, terre et
seigneurie lui puisse estre hostée ne mise hors de ses mains
que tout premier et avant il ne soit poié et satisfait de ladicte

somme, ne que les levées, que d'icelle nostre seigneurie nostredit chambellan fera ou sesdiz successeur en feront, soint
comptées, défalquées ne rabatues sur ladicte somme... Donné
en nostre ville de Rennes soubz les signe et seau de nous Anne,
le... jour de... l'an 1491. Ainsi signé, Anne. Par la royne, de
son commandement et en son conseil, presentz le prince
d'Orange, vous, les sires de Guémené et de Meille, le vichancelier, les senneschaulx de Rennes, Ploermel, Guingamp et
Lamballe, le conterolle general et autres estoint. (*signé*)
Guihart.

Scellé à Rennes le 23 *juillet* 1491.

IMP. EUGÈNE PROST. — RENNES.

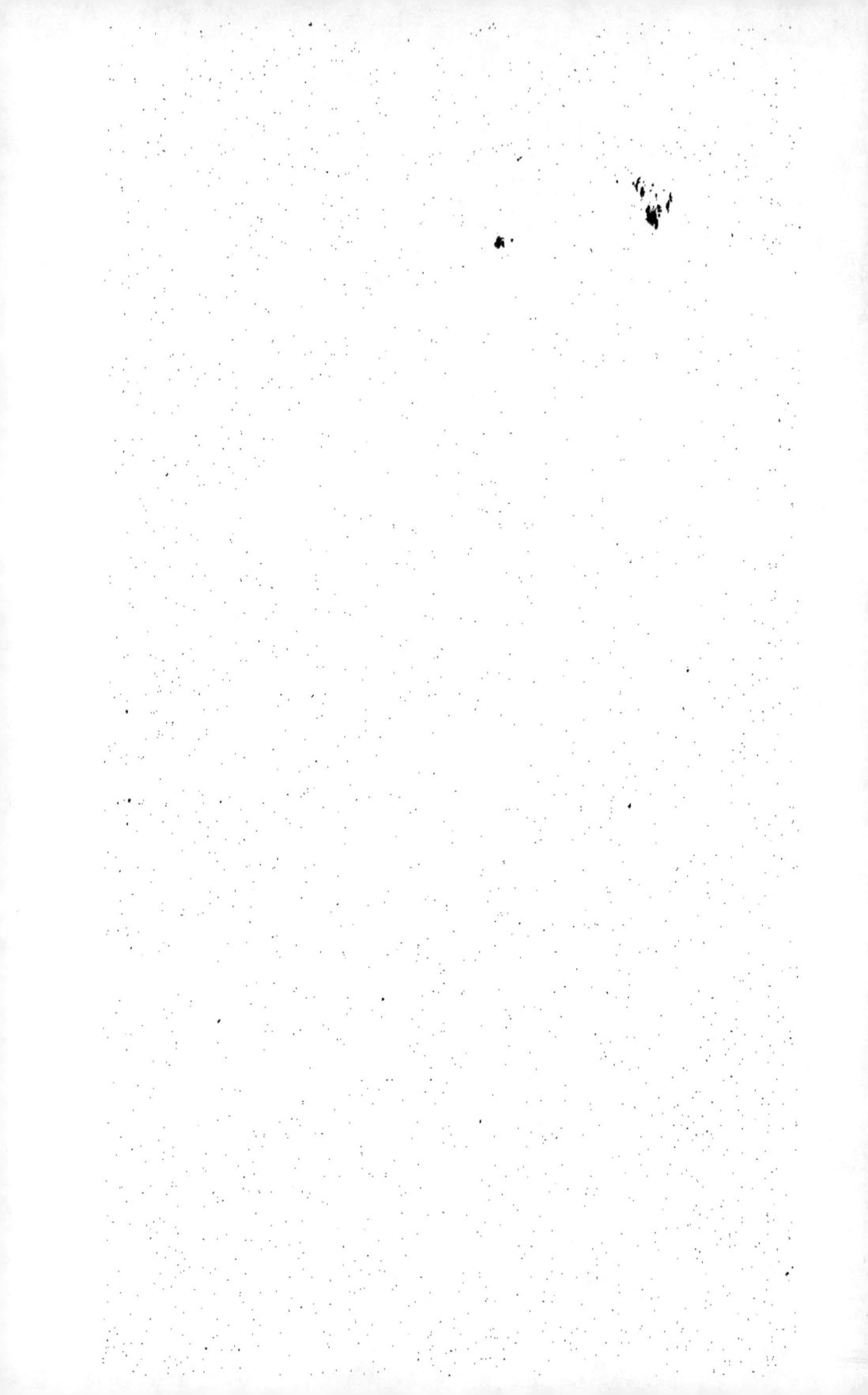